国家铁路局规划教材
职业教育·铁道运输类专业教材

Tielu Keyun Fuwu Liyi
铁路客运服务礼仪

范 礼 王付顺 主 编
李 妍 张娅丛 范 哲 副主编
赵矿英 主 审

人民交通出版社股份有限公司
北 京

内容提要

本书为国家铁路局规划教材、职业教育铁道运输类专业教材。本书以培养学生职业素养和职业能力为主线，融理论教学与实践教学为一体，突出体现"铁路客运服务礼仪"课程的系统性、针对性、应用性、操作性与专业性。通过本书的学习，学生不仅可以学习到服务礼仪的具体内容，掌握为旅客服务的基本技能与技术，还可以通过服务礼仪基本理论的学习，使学生掌握人际交往的一般规律与技巧，实现学生的良好的职业素养，进而为学生的未来发展奠定坚实基础。

全书共有8个模块、34个单元、34个实训任务、18个单元微课。其主要内容包括：服务礼仪概述、服务素养与服务意识、服务礼仪的原则、客运服务人员仪容仪表礼仪、客运服务人员仪态举止礼仪、客运服务人员的语言礼仪、旅客交往礼仪、铁路客运主要工作岗位服务礼仪。

本书为职业院校铁道运输类专业教材，既可作为铁路运输企业的员工培训教材，也可作为铁路各级管理人员、技术人员的参考书。

*本书配有教学课件，读者可通过加入"职教铁路教学研讨群（教师专用QQ群：211163250）"免费获取。

图书在版编目（CIP）数据

铁路客运服务礼仪 / 范礼，王付顺主编 .—北京：人民交通出版社股份有限公司，2021.5（2024.12重印）
ISBN 978-7-114-16812-3

Ⅰ.①铁… Ⅱ.①范…②王… Ⅲ.①铁路运输—旅客运输—礼仪—职业教育—教材 Ⅳ.① U293.3

中国版本图书馆 CIP 数据核字 (2020) 第 166847 号

国家铁路局规划教材
职业教育·铁道运输类专业教材

书　　名	**铁路客运服务礼仪**
著 作 者	范　礼　王付顺
责任编辑	袁　方
责任校对	刘　芹
责任印制	刘高彤
出版发行	人民交通出版社股份有限公司
地　　址	（100011）北京市朝阳区安定门外外馆斜街3号
网　　址	http://www.ccpcl.com.cn
销售电话	（010）85285911
总 经 销	人民交通出版社股份有限公司发行部
经　　销	各地新华书店
印　　刷	中国电影出版社印刷厂
开　　本	787×1092　1/16
印　　张	11
字　　数	263千
版　　次	2021年5月　第1版
印　　次	2024年12月　第3次印刷
书　　号	ISBN 978-7-114-16812-3
定　　价	43.00元

（有印刷、装订质量问题的图书，由本公司负责调换）

前言

随着我国铁路事业的发展,铁路运输在旅客运输市场中发挥着重要的作用。铁路列车是我国旅客出行的主要交通工具,铁路运输企业提升客运服务的质量与品质,提高旅客的满意度是树立良好社会形象的有效途径,铁路客运人员学习好服务礼仪就是提高服务水平和服务质量的重要手段。

本教材贯彻国家"职教二十条"中的职教精神,依据教育部最近颁布的《铁道交通运营管理专业教学标准》,以及全国铁道教育教学指导委员会编制的《高速铁路客运乘务专业教学标准》编写。教材内容对接现今铁路客运服务工作主要工种的服务接触点、服务内容、服务规范与服务标准,更具针对性,符合铁路人才培养的要求。本教材具有以下几方面的特点:

(1) 努力秉承课程思政的理念。做服务就是做人。铁路客运服务人员要想为旅客提供优质服务,必须具备良好的道德素质,因此本教材强调培养客运服务人员树立正确的人生观、价值观、职业观,以及守法遵纪、爱岗敬业、无私奉献、劳动态度、工匠精神、创新发展等职业能力和职业精神。

(2) 教材体系完整。教材结合当前铁路客运服务发展的需要,确定了系统而科学地对铁路客运人员进行服务礼仪培训的体系,即"服务礼仪概述""服务素养提升""服务态度转变""服务礼仪理论""服务形象塑造""服务语言规范"和"铁路站车服务礼仪规范与服务技巧"等,体现了"铁路客运服务礼仪"课程的系统性、专业性、针对性、应用性与操作性。

(3) 教材内容先进。本教材不仅仅是就礼仪而讲礼仪,它更关注客运人员应具备的服务意识、服务素养、服务态度、服务形象、服务语言、服务礼仪、服务技巧和服务能力等职业素养的提升。通过这些内容的学习,力争使学生达到"服务意识浓、职业形象好、沟通表达强、服务技能佳",成为一名精明能干、明礼守信、团结协作、富于创新、服务一线的高技能人才。

(4) 教材突出"学"与"练"的结合。教材以模块单元格式编写,每个模块之后都附有成套的并能覆盖该模块教学内容的"复习思考题",通过"复习思考题"的练习,以巩固本模块所学的理论知识;另外,每单元之后又都安排有"实训任务"或"情景模拟"的练习,通过实训与客运服务情景模拟练习,以提高学生解决实际问题的能力。

（5）政、校、企三方合作。本教材是在国家铁路局有关部门的指导与大力支持下，由河北轨道运输职业技术学院、国家铁路局、中国铁路北京局集团有限公司、中国铁路南昌局集团有限公司合作编写。国家铁路局明确教材的方向，学校编写教材中学生应掌握的理论知识，企业编写教材中学生的实践操作内容。通过政、校、企三方的合作，明确了教材编写理念：以培养学生职业素养和职业能力为主线，融理论教学与实践教学为一体，以职业能力为导向来设计教材内容。

（6）教材数字资源建设。为了助推教学效果，增加纸质教材附加价值，本教材在"交通运输教育传播与运营服务平台"上展示了《铁路客运服务礼仪》数字资源的内容，主要包括：PPT课件、教案、习题及答案、课程标准、任务工单、案例分析、录课视频、知识点动画等内容。本教材数字资源的建设，从多角度对教材内容进行了拓展，并实现了教材立体化，同时也满足了广大师生的实际需求。

（7）着力打造纸数融合教材。为方便教学，本书编写组专门录制了微课，并以二维码的形式呈现。

本教材由河北轨道运输职业技术学院的范礼和王付顺担任主编，河北轨道运输职业技术学院的李妍、张娅丛，石家庄科技工程职业学院的范哲担任副主编，河北轨道运输职业技术学院赵矿英主审。教材编写工作具体分工如下：范礼、卢景高（国家铁路局市场监测评价中心）负责模块一的编写工作，范礼、范哲负责模块二的编写工作；李妍负责模块三的编写工作；张永亚、丰宁（河北轨道运输职业技术学院）负责模块四的编写工作；李妍、张永亚、张亮（国家铁路局市场监测评价中心）负责模块五的编写工作；张娅丛、孙毅（国家铁路局市场监测评价中心）负责模块六的编写工作、张娅丛负责模块七的编写工作；范礼、王晓兰（国家铁路局市场监测评价中心）负责模块八的编写工作；王付顺负责全书的统稿工作。在教材编写过程中，田红芬、程功（河北轨道运输职业技术学院）参与资料收集并编写了部分服务案例。

本教材在编写过程中，得到了中国铁路南昌局集团有限公司南昌客运段黎蔓、福州客运段朱一帆两位同志的大力支持，参考并吸收了中国铁路哈尔滨局集团有限公司、中国铁路南昌局集团有限公司福州客运段、中国铁路太原局集团有限公司太原客运段的相关资料和文件。本教材中服务仪态礼仪的内容，均由中国铁路北京局集团有限公司石家庄客运段高铁车队的雷高飞、卢旺达、王姿婷等同志展示，照片由中国铁路著名摄影师翟现亭协助拍摄，特此说明，并向他（她）们致以衷心的感谢。

编 者

2020年3月

目 录

模块 1　服务礼仪概述（含 2 个单元微课、4 个实训任务）　/ 1

单元 1.1　服务概述　/ 1
单元 1.2　礼仪概述　/ 8
单元 1.3　铁路客运服务礼仪的内涵　/ 13
单元 1.4　铁路客运服务礼仪的基本要求　/ 15
复习思考题　/ 19

模块 2　服务素养与服务意识（含 2 个单元微课、3 个实训任务）　/ 22

单元 2.1　服务人员的服务素养　/ 22
单元 2.2　服务人员的服务意识　/ 26
单元 2.3　服务态度决定服务结果　/ 34
复习思考题　/ 41

模块 3　服务礼仪的原则（含 6 个单元微课、6 个实训任务）　/ 44

单元 3.1　角色定位　/ 44
单元 3.2　敬人三 A　/ 46
单元 3.3　首轮效应　/ 49
单元 3.4　亲和效应　/ 52
单元 3.5　末轮效应　/ 54
单元 3.6　零度干扰　/ 57
复习思考题　/ 60

模块 4　客运服务人员仪容仪表礼仪（含 2 个实训任务）　/ 63

单元 4.1　服务仪容礼仪　/ 63
单元 4.2　服务服饰礼仪　/ 71
复习思考题　/ 77

客运服务人员仪态举止礼仪（含4个单元微课、8个实训任务） / **79**

　　单元5.1　表情　/ 79
　　单元5.2　站姿　/ 85
　　单元5.3　走姿　/ 89
　　单元5.4　坐姿　/ 92
　　单元5.5　蹲姿　/ 95
　　单元5.6　欠身　/ 97
　　单元5.7　鞠躬　/ 99
　　单元5.8　手势　/ 100
　　复习思考题　/ 108

 客运服务人员的语言礼仪（含1个单元微课、3个实训任务） / **111**

　　单元6.1　常用礼貌用语　/ 111
　　单元6.2　服务人员的文明用语　/ 116
　　单元6.3　服务人员做到声音美　/ 124
　　复习思考题　/ 126

 旅客交往礼仪（含1个单元微课、4个实训任务） / **128**

　　单元7.1　称谓礼仪　/ 128
　　单元7.2　介绍礼仪　/ 130
　　单元7.3　位次礼仪　/ 133
　　单元7.4　交谈礼仪　/ 136
　　复习思考题　/ 140

 铁路客运主要工作岗位服务礼仪

（含2个单元微课、4个实训任务） / **142**

　　单元8.1　车站服务礼仪基本要求　/ 142
　　单元8.2　列车服务礼仪基本要求　/ 148
　　单元8.3　列车乘务员服务标准与语言规范　/ 154
　　单元8.4　旅客投诉处理　/ 164
　　复习思考题　/ 168

参考文献　/ **170**

模块 1

服务礼仪概述

学习目标

1. 理解并掌握服务的含义，更好地提高服务工作的自觉性。
2. 掌握优质服务的原则，以及铁路客运优质服务的标准。
3. 理解礼仪的含义及其原则，了解礼仪的功能。
4. 掌握铁路客运服务礼仪的含义及其包括的内容。
5. 认识服务礼仪对展示自身职业形象和赢得旅客满意的重要意义。
6. 掌握铁路客运服务礼仪的基本要求，更好地做好服务工作。

内容概要

为了给旅客提供积极、主动、优质的服务，在服务的多重含义中，我们更应当明确服务的下列含义：服务就是在满足旅客需要的过程中，让旅客感到受重视；尊重是服务的基础，服务就是以客为尊；服务就是给予，就是帮助，就是付出。对这些服务含义的理解与掌握，以及对优质服务的原则与标准的理解与掌握，可以大大提高服务工作的自觉性和服务工作的质量。礼仪是在与旅客交往过程中，表达对对方尊重和友好的行为规范，是"以客为尊"服务理念的具体体现，也是优质服务的重要组成部分。掌握服务礼仪的内容，可以提升客运服务人员的服务品质，赢得旅客的满意。

建议课时

4课时

单元 1.1 服务概述

一 服务的含义

在这个服务至上的时代，任何一家企业都应把自己定位为服务企业。顾客就是市场，赢得了顾客就赢得了市场。要想做好顾客服务，就必须要了解服务的内涵。以下我们

将从几方面介绍服务的含义。

《质量管理和质量体系要素 第2部分：服务指南》（GB/T 19004.2—1994）中做出如下定义：服务是指"为满足顾客的需求，供方与顾客接触的活动和供方内部活动所产生的结果"。

1995年美国市场营销协会给服务做出的定义为：服务是一种可供在销售活动中，以等价交换的形式，为满足企业、公共团体以及其他社会公众需求，而提供的劳务活动。

百度百科对服务的解释是：履行职务，为他人做事，并使他人从中受益的一种有偿或无偿的活动，不以实物形式而以提供劳动的形式满足他人某种特殊需要。

综上所述，服务主要的含义就是：为别人做事，满足别人需要。

业界通常将英文单词Service（服务）的七个字母拆分开来，并分别赋予特定意义，以此定义服务。此种对服务的解释更具体化，更具操作性。

"S"表示微笑待客（Smile for everyone）。

在服务人员服务的过程中，要求每一位员工对待顾客要给以真诚的微笑。因为微笑是最生动、最简洁、最直接的欢迎词。

"E"表示精通业务（Excellence in everything you do）。

要求员工对所从事工作的每一方面都应精通并做得完美无缺。要不断地丰富自己的知识，做到一专多能，服务时才能游刃有余。

"R"表示对顾客亲切友善（Reaching out every customer with hospitality）。

做服务就是做人际关系。要想与顾客保持友善的关系，就必须以友善的方式对待顾客，也就是时时处处尊重对方。尊重对方说到底是爱心的付出，只有我们有尊重对方的心，我们才能对顾客亲切友善。

"V"表示把每一位顾客视为贵宾（Viewing every customer as special）。

每位顾客都有被重视的需要。服务意识中绝不能有高低贵贱之分。我们始终要有这样的认识：服务对象人人平等，我们的工资、奖金和福利都是顾客支付的。

"I"表示邀请每一位顾客再度光临（Inviting your customer to return）。

每次为客人服务即将结束时，服务人员都要发自内心并通过适当的体态语邀请客人再次光临，以便给客人留下深刻而美好的印象。

"C"表示要为顾客营造一个温馨的服务环境（Creating a warm atmosphere）。

这一点关键是强调服务环境的布置，服务过程中的节奏和谐、态度友善等。

"E"表示用眼神表达对顾客的关心（Eye contact that shows we care）。

眼睛是心灵的窗户，要赢得顾客的心，目光交流是格外重要的。

如果在实际工作中能做到以上七个方面，你就是一位优秀的服务者，顾客就会享受到真正的服务。在此过程中，随着服务能力的提升，你将变得善于观察、揣摩顾客的心理，能预测顾客的需求并及时提供服务，甚至在顾客未提出要求之前，就能替顾客做到，使顾客倍感亲切，这就是我们讲的服务意识。

为了在具体的服务环境中做好服务工作，以更好地满足顾客的需求，我们还可以从以下几方面理解服务的内涵：

（1）服务就是在满足顾客需要的过程中，使顾客感觉到受重视。

（2）尊重是服务的基础，服务就是以客为尊。

（3）服务就是给予，就是帮忙，就是付出。

（4）服务就是对服务对象的包容。

（5）服务就是服务者塑造良好的服务形象。

从以上种种对服务的解释，使我们认识到，服务是结合有形的设施与无形的内涵、文化所形成的复合体。也就是说，服务分为有形服务和无形服务。有形服务满足顾客物质方面的需要，无形服务满足顾客精神方面的需要。有形服务是服务的基础，无形服务是服务工作的内涵，也是服务人员的基本素质。大多数学者认为有形服务和无形服务的比重分别是 1/3、2/3，这说明无形服务在服务中的重要性。

服务的特征

服务的过程中包括两方：一方是服务方，另一方是被服务方。服务方是根据被服务方的意愿提供服务活动的一方，处于服务过程中的被支配地位；被服务方是提出服务要求，要求服务方满足的一方，处于服务过程中的支配地位。服务的生产过程实质上是带有交换性质的服务过程。服务作为一种特定的产品，与一般产品相比具有以下几个特征。

1. 服务具有无形性

服务的无形性是指服务与有形的实体产品相比，其特质及组成元素是无形无质的；同时又表现为生产与消费的同时性。也就是说，服务的生产和消费大都是同时进行的，服务的生产过程同时也是服务的消费过程。服务过程只可以感觉，却不具有可视性。消费者关注的不仅是有形的物质产品，而且更加注重作为产品有机组成部分的无形服务，而服务质量很大程度上依靠服务人员的表现来实现。无形性是服务的最基本特征，其他特征由此特征派生出来。

2. 服务的标准是有差异的

服务在生活中没有一个统一的标准，是可以变化的，这也就是服务的差异性。服务的差异性是指服务的构成成分及质量水平经常变化，很难控制。服务行业是以"人"为中心的产业，服务虽然有一定的标准，但会因人、因时、因地而表现出差异性。比如有经验的员工与没有经验的员工提供给客人的服务相差很大，有服务热情的员工与缺乏服务热情的员工提供的服务也不一样，同一位员工受到激励时的服务效果和缺乏激励时的服务效果也不一样。

3. 服务是不可储存的

服务的不可储存性是指服务不像有形的产品可以储存起来，以备将来出售或消费。服务产品的无形性、生产和消费的不可分离性，使服务不可能像实物产品一样被储存，只能在生产的同时被即时消费。例如，铁路列车服务是有形的实物产品和无形的服务活动构成的集合体，对旅客的服务是一种"真实活动"，而真实活动是无法储存的。

4. 服务的质量测评是复杂的

实物的产品由于具有实体性特点，可以按照统一的工艺流程进行生产，按照统一的技术标准进行质量测评，而测评无形的、不能储存的服务产品的质量则无疑要复杂得多，服务企业也很难通过标准化管理保证服务产品的质量。此外，服务还是满足他人需求的行为，或者说是为他人提供需要的活动，而不是满足自身需要的活动。

三、优质服务的原则

做服务就是做人。提高客运服务人员在服务中的服务能力，首先就要从提高客运服务人员的个人职业素养入手，端正其服务态度，这是该课程必须要解决的问题。服务态度是一个人为人处事的态度。为人处事的态度正确了，服务的结果就会良好。客运服务工作就是与旅客打交道，就是在与旅客交往的过程中完成工作任务。客运服务人员要想与旅客建立和谐的人际关系，一定要懂得先付出、先给予，一定要有爱心，用心与旅客交往，这样才能真正地打动对方。用心服务是优质服务的基础。

1. 服务就是给予

通过前面的学习我们已经了解到，在"服务"的多重定义中，有一个定义是"给予、帮助、帮忙"。但是，在服务工作中，多数人只在心情好、喜欢服务对象或对自己的事业有益时，才会为服务对象提供帮助。在很多情况下，有人会说："这样的付出得不到回报，我为什么还要费力呢？"严格地说，这种反应没有错。但这不是客运服务人员应有的工作态度。克服这种态度的方法有二：一是要明确自己的角色和责任；二是要明白我们与旅客的关系是人与人之间的关系。

通常，我们喜欢那些喜欢我们的人。我们每个人都有过作为旅客的经历，如果我们以自己希望得到的服务来为他人服务，就不会出现令旅客抱怨的情况。

我们在工作中觉得百无聊赖和心态不够积极友好时，就会表现出心不在焉的样子，于是在为旅客服务的过程中，说话和行为就已经为对方制造了不愉快的情绪，接下来发生的事就是我们成了对方的镜子。我们用这样的态度对待旅客，旅客也会以同样的方式回报我们，于是就开始了恶性循环。

客运服务人员的工作就是与旅客打交道，就是与人交往，而与人交往时，要想与对方建立良好的人际关系，一定要懂得先付出、先给予。在工作中，付出和给予的具体表现就是尽职尽责为旅客着想。

【阅读资料 1-1】

王丽，毕业于铁路高职院校高速铁路客运乘务专业，现在是某客运段高铁车队的乘务员。她刚工作的时候，不明白在服务工作中将心比心的道理，经常有旅客对她的工作表现出不满，甚至投诉。为此，她很苦恼。她也想快乐的工作，但是她得不到快乐，因为她的做法不符合服务的精神，工作中的回馈经常是负面的。之后，她接受了服务与礼仪培训，明白了服务的真谛就是给予，懂得了细微服务、超值服务、感动服务是优质服务的根本；懂得了人人都要为他人服务，人人都需要他人的服务这一道理；懂得了态度决定一切。工作中，她也真正体会到了服务是和旅客建立一种良性互动的过程，在这一过程中，旅客得到了预期或超越预期的满足、惊喜和愉悦，自己则获得了自我价值的实现和快乐。

（本资料由编者根据相关资料改写）

2. 用心与旅客沟通

用心与旅客沟通，意味着要意识到旅客是一个完整意义上的人，就像我们每个人一样，有着自己的快乐，有着家庭的琐事以及工作上的问题。每个人都有做旅客的时候，设身处地地为旅客想一想，如果你是旅客，你希望别人如何对待你？

优质服务就是为旅客提供温暖的人性化服务，而要为旅客提供温暖的人性化服务，客运服务人员就要不断培养自己的"八心"，即感恩心、诚实心、善解心、谦卑心、仁爱心、宽容心、责任心、奉献心。

3. 任何时候都要提供最佳服务

如果你心情好，为他人服务时也会轻松愉快，但是，当你心情抑郁时，为他人提供服务就会变得很困难。不过，无论你的感觉有多糟糕，表现出为他人服务的欲望毕竟是一项可以学习的技巧。

为他人服务需要极大的热情、勇气和力量。为他人服务，最终就是为自己服务。你可以尝试以下做法：

（1）暂时把内心的感受搁在一边。
（2）关注你的旅客。
（3）在思想上把旅客放在首位。
（4）满足旅客的需求。

为他人服务需要极大的力量和勇气。例如，那些在公众面前露脸的人，如节目主持人、演员等，和普通人一样，都会生病，都会有家庭琐事或者自己无法掌控的事。但是和普通人不同的是，公众人物的生活有时提前就已经被安排确定，而且无法取消。他们内心承受痛苦，脸上却都带着微笑。这需要强大精神力量的支撑，这是他们的工作要求。这种力量来自他的思想："我的工作就是为观众服务，我满足他们所需要的，这就是我的工作。"

客运服务人员要想为旅客提供最好的服务，就要抛弃一切私心杂念。只有暂时忘掉自己的困难、忧虑和自我意识，才能全心全意地为旅客服务。你也许会想："我有自己的生活，我不想把旅客放在首位而把自己放在其次。"是的，这没什么错，你的确有自己的生活，但假如生活的一部分就是和旅客打交道，那为什么不接受这样的现实呢？当你做到了这一点，奇迹就会发生，你的生活也会轻松起来。

4. 保持积极的心态

某单位有一个门卫，50岁左右，是下岗职工。在每天人们上下班的时候，他都要站在单位门口，问候出出进进的人。其实他没有必要问候，他的职责就是门卫。他问候人们的作用就是他对周围的一切很用心。他选择了快乐，也感染了周围的每一个人。

我们的工作就是为旅客服务，是与人打交道，我们就要以积极的态度来面对他们。有的人会说："我哪来积极的态度呀！每个月的工资寥寥无几，每天的工作很无聊，还要工作近10小时，家里的孩子没人管，旅客的要求又没完没了，领导又看不上我……"总之烦心事说也说不完。

你可能会想，这就是我现实的生活，我没有办法拥有积极的心态，让我们在这种环境中找乐子真是太难了。其实，完全不是这么回事，因为你有工作。在今天这个社会，有份稳定的工作可是件值得高兴的事儿。如果我们努力培养积极的心态，那么，我们的工作和生活很容易就会变得快乐。快乐不快乐，这是每个人的选择。

你会说："我本来就不是个性格开朗的人。"其实并非如此，我们都能按照自己希望的那样去生活，所需要的只是那么一点积极的精神。告诉自己："我要让生活充满快乐，我要给予，我要为他人服务。"

客运服务人员应这样开始自己的一天：

（1）首先做好准备。上岗前，先把自己的事处理完毕。

（2）想一想自己的职责——尽力给别人提供帮助。

（3）注意观察。看看是否有需要帮助的人——老人、带孩子的人、残疾人以及有困难的人。

（4）保持积极的心态，寻求积极的改变。

这一切取决于你。在一天结束时，自己会有什么样的感受，取决于你是否保持一种积极的心态。要做到这一点，就要拿出自己的最佳表现，不要有个人情绪，要保持微笑。

【阅读资料1-2】优质服务自我评估

我们的工作就是与旅客打交道，就是为旅客服务。优质服务与服务人员息息相关。你怎样对待别人，别人就会怎样对待你。如果你对别人多一些耐心和关爱，那么别人也会用耐心和关爱来回报你。

下次与旅客打交道时，可以用以下问题评估一下自我表现。请回答下面的问题：

（1）我待人真诚吗？

（2）我做到善始善终了吗？

（3）我对解决问题起到积极作用了吗？

（4）我表现出为他人服务的欲望了吗？

（5）我对待旅客的方式，是我作为旅客希望得到的方式吗？

（本资料由编者根据相关资料改写）

四 铁路客运优质服务的标准

行家认为，规范服务＋超常服务＝优质服务。优质的旅客服务源自旅客对服务的期望与要求。良好的态度、问题的解决、个性化的服务，这些都是旅客对服务的期望。如果铁路客运服务人员能够满足旅客的这些期望，那么，我们所提供的服务就是优质的服务。具体地说，优质服务的标准如下。

1. 始终以旅客为中心

有时旅客利益会与企业利益发生冲突，或者旅客提出一些看似不太合理的要求，这是考验铁路客运服务人员服务观念的时候——是不是能够始终以旅客为中心，是不是始终关注旅客的心情和需求，这是非常重要的。始终以旅客为中心不能只是一句口号，或者是贴在墙上的服务宗旨。始终以旅客为中心应该是一种行动，应该是带给旅客的一种感受。例如，快速为旅客倒上一杯水；真诚地向旅客表示歉意；主动帮助旅客解决问题等。

2. 积极帮助旅客解决问题

铁路客运服务人员解决旅客提出问题的能力是优质服务的根本。要做到优质服务，铁路客运服务人员应主动帮助旅客解决问题。旅客不仅希望铁路客运服务人员能够有很好的服务态度，同时更希望问题能得到解决。因此才会有旅客在投诉时这样说："你光说对不起有什么用？你现在先告诉我，你怎样解决我的这个问题。"所以请每一位铁路客运服务人员记住：在优质服务的表现中，帮助旅客解决问题永远是第一位的。

3. 对旅客热情、尊重和关注

优质服务首先是态度问题，就是要求对旅客热情、尊重和关注，这是优质服务中最重要的内涵。假设旅客对服务中的某些事有抱怨，铁路客运服务人员对旅客不理不睬或者出言不逊，恐怕得到的是更大的抱怨甚至投诉。到目前为止，旅客对于客运服务投诉最多的依然是服务态度问题。因此，优质的旅客服务首先要求铁路客运服务人员能够始终如一地对旅客热情、尊重和关注。

比如去餐厅吃饭，服务员的服务态度非常好，但是菜做得很差，顾客一定不会满意。相对于服务态度来讲，菜做得好吃与否显然更为重要。没有人会光顾一家服务态度很好，但是菜非常贵而又不好吃的餐厅。去医院看病也是一样，可能私人诊所的医生态度特别热情，但是你不见得敢去看病，你的第一选择还是去大医院。什么原因呢？因为治病的能力比态度更加重要。可见解决问题的能力是首要的。

4. 设身处地为旅客着想

设身处地为旅客着想是做到始终以旅客为中心的前提。作为一名铁路客运服务人员，能够经常换位思考是非常重要的。在服务过程中，你是否作为旅客的帮助者出现，这是衡量你的服务是不是优质服务的一个关键。旅客需要帮助的时候，如果你能够设身处地地为旅客着想，能够站在旅客的角度去思考，并给他提供解决问题的方案，这样为旅客提供的服务才是优质服务。

5. 持续提供优质服务

让旅客感受到一名铁路客运服务人员的良好服务并不难，而要让旅客在整个服务过程中都能够感受到每一位铁路客运服务人员的服务热情就变得很难。特别是在旅客需求发生波动的时候，铁路客运服务人员在超负荷的压力下很难持续保持高昂的工作状态和热情的笑容。让旅客每一次都能感受到同样好的服务，正是优质旅客服务所追求的目标。持续提供优质的服务，这是整个旅客服务过程中最难获得的一种能力，而服务的标准化、一致性，是持续提供优质服务的根本保证。

6. 提供个性化服务

作为旅客，在接受服务时，有着各自不同的期望值，对于服务的要求也是不同的。如果铁路客运服务人员针对不同的旅客提供相同的服务，旅客就不会满意——旅客需要的是个性化的服务，希望自己得到特殊的对待。铁路客运服务人员在为旅客提供服务之前，要准确地了解对方的个性需求，再根据具体需要给予对方最适合的服务。

【单元微课1-1】服务认识

本单元微课请扫描二维码1。

【实训任务 1-1】用心为旅客服务情景练习

1. 任务目的
通过服务情景练习，让学生认识到用心服务才能感动旅客。

2. 任务内容
车厢里有一对母女旅客，母亲送女儿到省城上大学，母女俩是第一次出远门，也是第一次乘坐高铁。面对这样的旅客，列车员要通过换位思考，主动向她们提供优质的服务。

练习要求：从一上车，列车员就主动地、不断地为这对母女进行服务，一直到下车（提示：一是给她们提供适当的帮助，如领位、放置行李；二是教会她们正确使用列车上的设施；三是提醒她们注意安全；四是提醒她们下车）。

3. 任务实施
（1）三人一组，一人扮演列车员，两人扮演母女旅客。分成若干组，分别进行演示。
（2）列车员如何判断该母女是第一次乘坐高铁出行，为其提供"个性化服务"？
（3）每个小组演示完后，同学进行点评，教师总结。

4. 任务总结
本任务旨在使学生理解并掌握服务就是在满足旅客需求的过程中让旅客感到受重视，而重视服务对象是从行为和语言两方面表现出来的。通过练习使学生理解，优质服务就是为旅客提供温暖的人性化服务，这就要求客运服务人员要不断培养自己的"八心"，即感恩心、诚实心、善解心、谦卑心、仁爱心、宽容心、责任心、奉献心。通过练习使学生明确，铁路客运服务工作就是在与旅客交往的过程中完成工作任务。与旅客交往一定要建立和谐的人际关系，而要建立和谐的人际关系一定要懂得先付出、先给予。再者，与旅客交往一定要有爱心，用心与对方交往，才能真正地打动对方。用心服务是优质服务的基础。

单元 1.2 礼仪概述

一、礼仪的概念

1. 礼仪的含义
所谓"礼"是指大家共同遵守的道德规范准则；"仪"是指人们的容貌、举止、神态、服饰，是一种形式。礼仪是指体现一定的社会道德观念和风俗习惯，表达人们礼节、动作、容貌、举止的行为准则。礼仪是道德范围内的基本层次，以人际交往为特征，以律己和敬人为内容。

礼仪是一个复合词，包括"礼"和"仪"两部分。孔子曰："礼者，敬人也。""礼"的基本要求就是尊重，即每个人都必须尊重自己、尊重别人、尊重社会。从本质上讲，"礼"是一项做人的基本道德标准。

《辞源》解释：仪，就是规范和标准。任何"礼"的基本道德要求，都必须借助于规范的、具有可操作特征的"仪"才能恰到好处地得以表现。礼仪就是敬人的规范和标准，就是在人际交往过程中，按照一定的标准和规则去敬人，去向对方表达一种美好的敬意。礼仪的敬人规则和标准包括四个方面：着装打扮、举手投足、言谈话语、待人接物。

对礼仪的理解还可以从以下几方面来说明：

（1）从个人修养的角度来看，礼仪可以说是一个人的内在修养和素质的外在表现。也就是说，礼仪即教养，素质体现于对礼仪的认知和应用。

（2）从道德的角度来看，礼仪可以被界定为为人处世的行为规范，或者说是标准做法、行为准则。

（3）从交际的角度来看，礼仪可以说是人际交往中适用的一种艺术，也可以说是一种交际方式或方法，是人际交往中约定俗成的示人以尊重、友好的习惯做法。

（4）从审美的角度来看，礼仪可以说是一种形式美，是人的心灵美的必然外化。

2. 礼仪的本质

礼仪包括礼貌、礼节、仪表、仪式等。礼貌是人与人之间接触交往中，相互了解、敬重、友好的行为；礼节是社会公认的待人接物的方法和人与人相处的准则，是人们在交际场合互相问候、致意、祝愿、慰问等惯用的形式；仪表是人的外表，含容貌、服饰、个人卫生、姿态等；仪式是指较大场合具有专门规定程序的行为规范及活动，是一种高级的礼节形式。礼仪从本质上讲是一种约束，是一种规则，是通过各种规范的言行表示人际间的真诚、尊重、友好和体谅。它是人的社会关系的集中体现。

3. 礼仪、礼节、礼貌三者的关系

礼仪是对礼节、仪式的统称。它是人类在社会交往活动中以一定的、约定俗成的程序、方式来表现的律己敬人的完整行为规范与准则，具体表现为礼貌、礼节、仪表、仪式、礼仪器物等。它与礼貌、礼节之间的关系是：礼貌是礼仪的基础，礼节是礼仪的基本组成部分。换言之，礼仪在层次上要高于礼貌、礼节，其内涵更深、更广。礼节是指人们在社会交往过程中表示致意、问候、祝愿、尊重、友好等的惯用形式。它实际上是礼貌的具体表现方式。它与礼貌之间的相互关系是：没有礼节，就无所谓礼貌；有了礼貌，就必然伴有具体的礼节。礼貌是指人们在相互交往过程中表示敬重友好的行为规范。它侧重于表现人的品质与素养。从本质上讲，三者所表示的都是待人的尊敬、友好。

二、礼仪的原则

作为一种约定俗成的行为规范，礼仪有其自身的规律性的东西，这也就是礼仪的原则。在学习、运用礼仪时，要掌握以下原则。

1. 敬人的原则

尊敬他人，是人际交往获得成功的重要保证，也是礼仪的核心。敬人的原则，就是人们在社会交往中，务必将对交往对象的恭敬与重视放在首位，切勿伤害对方的自尊心，更不能侮辱对方的人格。在人际交往中，只有人与人之间彼此相互尊重，才能保持和谐愉快的人际关系，只要不失敬人之意，哪怕具体做法一时失当，也不能算是失礼。

2. 遵守的原则

礼仪规范是为维护社会生活稳定而形成并存在的，反映了人们的共同利益和要求，需要社会上每个成员都必须自觉、自愿地遵守执行，用以规范自己在交往活动中的言行举止。如果违背了礼仪规范，就会受到社会舆论的谴责，交际也会失败。

3. 自律的原则

自律就是要克己，也就是要求自行树立良好的道德信念和行为准则，积极主动、自觉自愿、表里如一、自我对照、自我反省、自我要求、自我检点、自我约束、自我控制，不允许妄自菲薄、自轻自贱，也不能人前人后不一样，生人、熟人面前不相同。通过礼仪教育与训练，逐渐使交往个体树立起一种内心的道德理念和行为修养准则，在与人们的交往中自觉按礼仪规范去做，而无须别人的提示或监督。

4. 适度的原则

运用礼仪，与做事情一样，讲究具体问题具体分析，而且应当牢记过犹不及。所谓适度，就是要求在运用礼仪时，为了保证取得成效，既要掌握普遍规律，又要针对具体情况，认真得体，掌握分寸，既不能做得过了头，也不能做得不到位。例如，在与人交往中，既要彬彬有礼，又不能低三下四；既要热情大方，又不能轻浮谄媚。

5. 真诚的原则

真诚就是要求在人际交往中运用礼仪时，必须诚心诚意、待人以诚、诚实无欺、言行一致。由于国情、民族、文化背景的不同，必须坚持入乡随俗，与绝大多数人的习惯做法保持一致，切勿目中无人，自以为是。不允许在运用礼仪时逢场作戏、言行不一、口是心非、投机取巧、作假骗人。

6. 宽容的原则

宽容就是要求人们在交际活动中运用礼仪时，既要严于律己，更要宽以待人。要多容忍他人，多体谅他人，多理解他人，而千万不要求全责备、斤斤计较、过分苛求、咄咄逼人。在人际交往中，要允许他人有个人行动和独立进行自我判断的自由。对不同于己、不同于众的行为耐心容忍，不必要求其他人处处效法自身，与自己完全保持一致。这实际上也是尊重对方的一个主要表现。

三 礼仪的特征

1. 时代性

礼仪是一种规范，而这种规范并不是一成不变的，它会随着时代的发展与时俱进。时代越进步，对礼仪的要求就越严格、越完善。现在，礼仪已经渗透到人类社会生活中的各个层面，反映着市场经济时代的政治、经济、文化、道德等各个方面的面貌，如等级的礼宾待遇、科技与道德、礼仪价值体现等。随着全球一体化的发展，各个国家、各个地区、各个民族之间的交往日益密切，相关礼仪也会不断地相互影响、相互渗透，并赋予时代的内容。

2. 共同性

礼仪是一门专门研究人的交往行为规范的科学。在现实生活中，每个人都必须参加交际活动，而礼仪正是一门将交际活动导向成功的科学。每一个国家或地区、民族的礼仪，既有自身的特征，也有着相通的共性。人们在一切交际场合的言谈话语、行为举止必须符合礼仪，如待人接物讲究礼貌，做到热情、诚恳、友好等。

3. 民族性

由于习俗、生活习惯、地理环境、交通条件及文化等方面的不同，各民族在礼仪上的表现也会有一定的差异性。这就要求人们在社会交往活动中，应当相互学习、相互尊重、求同存异、入乡随俗。与我国的现代礼仪相比，国际礼仪最大的不同，是其主要起源于西方，受西方文化影响较深。

4. 限定性

礼仪主要适用于交际场合，适用于普通情况之下的、一般的人际交往与应酬。离开了这个特定的范围，礼仪则未必适用。礼仪不是放之四海而皆准的东西。当所处场合不同，所具有的身份不同时，所要应用的礼仪往往会因此而各不相同，有时会差异很大。

5. 继承性

礼仪是一个国家、一个民族文化的重要组成部分，其发展与沿用从来就没有间断过。它是历史的产物，反映各自时代的发展面貌，有精华也有糟粕，必须要从传统的礼仪精神遗产中批评地继承。我国现代礼仪在继承我国古代民族特色礼仪精华的同时，也要注意汲取外国礼仪的合理部分。

四、礼仪的功能

随着人际交往的日益频繁，礼仪越来越受到人们的重视。这主要是因为它具有多重重要的功能，既有助于个人，又有助于社会。

礼仪的功能之一：有助于提高人们的自身修养。

在人际交往中，礼仪往往是衡量一个人文明程度的准绳。礼仪不仅反映着一个人的交际技巧与应变能力，而且还反映一个人的气质风度、阅历见识、道德情操、精神风貌。因此，从这个意义上说礼仪即教养。由此可见，学习礼仪、运用礼仪，有助于提高个人的修养，有助于提高个人的文明程度。

礼仪的功能之二：有助于人们美化自身、美化生活。

个人形象是一个人仪容、表情、举止、服饰、谈吐、教养的集合，而礼仪在上述诸方面都有自己详尽的规范。因此学习礼仪、运用礼仪，无疑将有益于人们更好、更规范地设计个人形象、维护个人形象，更好、更充分地展示个人的良好教养与优雅风度。

礼仪的功能之三：有助于促进人们的社会交往，改善人们的人际关系。

运用礼仪最大的好处就在于能帮助人们规范彼此的交际活动，更好地向交往对象表达自己的尊重、敬佩、友好与善意，增进彼此之间的了解与信任。假如人皆如此，长此以往，必将促进社会交往的进一步发展，帮助人们更好地取得交际成功，进而造就和谐、完美的人际关系，取得事业的成功。

礼仪的功能之四：有助于净化社会风气，推动社会主义精神文明建设。

反映个人教养的礼仪，是人类文明的重要标志之一。一个人、一个单位、一个国家的礼仪水准，往往反映着这个人、这个单位、这个国家的文明程度、整体素质、整体教养。由此可见，遵守礼仪、应用礼仪，将有助于净化社会风气，提升个人乃至全社会的精神文明方面的品位。

【单元微课1-2】礼仪认识

本单元微课请扫描二维码2。

【实训任务1-2】观察服务中服务人员在礼仪方面的得与失

1. 任务目的

理解礼仪的核心就是敬人，就是通过外在的行为表现传递出对他人的尊敬。对礼仪含义的掌握与理解，可以更好地提高服务人员在服务中礼仪与礼貌的意识，从而更好地提高服务质量。

2. 任务内容

有目的地组织学生到服务场所去观察，感受服务人员在服务过程中礼仪规范的运用情况。要求学生分别找出几则正面的例子和几则反面的例子。

3. 任务实施

（1）要求学生走进服务场所，观察并收集几则礼仪在服务中应用的正反面案例。

（2）在课堂上分享收集的礼仪在服务中应用的正反面案例（先分享正面的案例，再分享反面的案例）。

（3）找出一个典型的正面案例，让学生扮演其中的角色，在表演中要把正面的信息表现出来。

（4）最后教师做总结，明确礼仪在服务中的作用。

4. 任务总结

礼仪讲的就是敬人的规则和标准，敬人的规则和标准包括四个方面，即着装打扮、举手投足、言谈话语、待人接物。礼仪是一个人内在修养的外在表现，客运服务人员提高自己的礼仪水准是做好服务工作的保证。礼仪的功能就是内强素质，外塑形象，增进交往。习练好礼仪，可以有效地培养高雅的气质和风度，以便更好地做好旅客服务工作，为旅客提供优质的服务。

单元1.3 铁路客运服务礼仪的内涵

 铁路客运服务礼仪的含义

铁路客运服务礼仪就是礼仪在铁路客运服务工作中的具体运用,是礼仪的一种特殊形式。它是在铁路客运服务过程中,客运服务人员按照一定的标准和规则去向服务对象表达敬意的行为规范。也就是客运服务人员在工作岗位上,通过着装打扮、言谈举止、待人接物等,对服务对象表示尊重和友好的行为规范和惯例。铁路客运服务礼仪是"以客为尊,以人为本"服务理念的具体体现,也是铁路优质服务的重要组成部分。

所谓行为,指的是人们受自己思想意志的支配而表现在外的活动。所谓规范,则是指标准的、正确的做法。行为规范是指人们在特定场合活动时标准、正确的做法。铁路客运服务礼仪的实际内涵,则是指铁路客运服务人员在自己的工作岗位上向服务对象提供服务时表达敬意的标准、正确的做法。

 铁路客运服务礼仪的内容

铁路客运服务礼仪主要以铁路客运服务人员的服务思想、仪容礼仪、仪态礼仪、服饰礼仪、语言礼仪和岗位服务礼仪规范为其基本内容。

服务礼仪的基本理论是指运用服务礼仪的一般规律,是服务礼仪及其运用过程的高度概括,服务礼仪的基本理论指导着服务的实践活动。

服务仪容礼仪是指服务人员的相貌和面容,主要包括发型、面部和肢体修饰、美容化妆等礼仪规范。

服务仪态礼仪就是服务人员的身体姿态,包括服务人员的站姿、坐姿、行姿、手势、表情以及身体展示的各种动作等礼仪规范。

服务服饰礼仪是服务人员的外表,包括服务人员的穿着、打扮、举止、风度等,主要有穿着制服、套裙、工装、鞋袜,以及佩戴帽子、领花、工牌等礼仪规范。

服务语言礼仪是服务人员与旅客沟通过程中所使用的规范语言、语调等礼仪规范。

对于以上各方面的具体问题,服务礼仪都有详细的规定和特殊要求。离开了这些由一系列具体做法所构成的基本内容,服务便无规范性与可操作性可言。

三 学习铁路客运服务礼仪的意义

铁路客运服务礼仪是铁路客运服务人员在工作岗位上通过言谈、举止等对旅客表示尊重和友好的行为规范,是铁路客运优质服务的重要组成部分。铁路客运服务人员学习服务礼仪,不仅有利于提高个人的内在修养,而且能够提升铁路企业的形象。

1. 服务礼仪是提高客运服务质量的有效途径

本课程主要涉及服务礼仪基本理论、铁路客运人员服务素养的提升、如何塑造良好的服务形象、在服务中客运服务人员应遵守的礼仪规范，以及具体的铁路站车服务礼仪等内容。通过本课程的学习与练习，力争使学生成为"服务意识浓、职业形象好、沟通表达强、服务技能佳"，精明能干、明礼守信、团结协作、富于创新、服务一线的高技能人才。

2. 服务礼仪是增强铁路企业竞争力的重要环节

铁路作为国家的重要基础设施、国民经济的大动脉和大众化的交通工具，在综合交通运输体系中处于骨干地位。随着航空、公路客运的迅速发展，铁路客运面临激烈的市场竞争。如何增强企业的核心竞争力，如何赢得客源市场是现代铁路企业发展面临的新问题。服务礼仪作为现代企业管理的重要组成部分，是铁路企业增强竞争力的有效手段，也是赢得市场的重要举措。

3. 服务礼仪有助于提高铁路客运服务人员的个人素质及服务质量

在服务过程中，礼仪是衡量服务人员文明程度的准绳，不仅反映服务人员的交际技巧与应变能力，而且还反映其气质风度、道德情操。运用服务礼仪不仅有益于服务人员更好、更规范地设计个人形象，而且还能更好、更充分地展示个人的良好教养。服务质量由服务态度与服务技能两大要素构成。当今，旅客对服务态度的重视程度，往往会高于对于服务技能的重视程度。服务礼仪有助于服务人员提高服务意识，关注服务细节，养成主动服务的自觉性。

4. 服务礼仪是塑造客运服务人员个人形象与企业形象的有力工具

形象就是服务。客运服务人员是在与旅客交往的过程中完成自己的工作任务，所以，客运服务人员良好的职业形象是优质服务的重要组成部分，体现了对旅客的尊重。服务礼仪讲的就是服务人员仪容、表情、举止、服饰、谈吐、教养等内容的规范与标准。客运服务人员的形象代表着企业的形象，所以，服务礼仪也是一个企业树立良好企业形象的有效手段。

【实训任务1-3】 理解铁路客运服务礼仪的内涵

1. 任务目的

通过在课堂模拟铁路客运部分服务场景的练习，旨在使学生更好地运用所掌握的铁路客运服务礼仪知识。

2. 任务内容

要求学生运用所学的相关知识，进行车站客运服务人员"车站检票口检票练习"、列车乘务员"立门站岗迎宾练习"、列车乘务员"列车上车厢巡视练习"等。

3. 任务实施

（1）要求部分学生对上述三个服务工作场景进行练习。为了体现练习的生动性，进行练习的学生可适当地加入一些情节。

（2）学生对每组的情景练习进行评议。

（3）最后由教师对每组的情景练习进行归纳和总结。

4. 任务总结

铁路客运服务礼仪就是礼仪在服务行业的具体运用，是服务的一种特殊形式。服务礼仪就是在服务过程中，服务人员按照一定的标准和规则去向服务对象行礼，去向对方表达恭敬、友好的行为规范。服务礼仪主要包括仪容礼仪、仪态礼仪、服饰礼仪、语言礼仪以及与旅客交往的礼仪等内容。学习铁路客运服务礼仪，可以有效地提升铁路客运服务人员的个人形象和铁路企业的组织形象。

单元1.4 铁路客运服务礼仪的基本要求

学习和运用服务礼仪最切实可行的办法，是要抓住其重点——就是那些对服务工作具有普遍指导意义的基本原则。文明、礼貌、主动、热情、周到，就是客运服务工作严格遵照的原则要求。

一 文明服务

文明，首先是发展到较高阶段和具有较高文化修养的一种社会状态；同时，也是人类创造的物质与精神的总和。现代人对文明的要求越来越高。就铁路客运服务来讲，对文明服务是有具体要求的。从旅客的角度来看，要求铁路客运服务人员在服务的过程中要体现文明素养。对铁路客运服务人员而言，当我们为旅客提供服务时，必须文明服务。这个问题应该引起每一位铁路客运服务人员的重视。做不到文明服务有损于企业形象；做好了文明服务有助于企业形象的塑造。具体而言，文明服务就是要求铁路客运服务人员的服务工作要做到以下几点。

1. 规范服务

规范服务是文明服务的前提。只有服务工作遵循一定的规范和标准，才能真正做到文明服务。所谓规范就是我们平时所说的规矩。铁路客运服务也有自己的规范，如要熟悉业务，掌握服务流程；要站有站相，坐有坐相；要掌握与人交往的技巧以及服务用语的运用；等等。做到规范服务应注意以下几点。

（1）做到"服务五声"

所谓"服务五声"是指服务人员在工作岗位上，面对旅客时，必须自然而然地做到：来有迎声，问有答声，去有送声，服务之前有提醒声，服务不周有道歉声。这"五声"，是文明服务中每位铁路客运服务人员都应该具备的基本功。

（2）做到"四个不讲"

面对旅客，铁路客运服务人员有四种话不能讲：
①不讲不尊重对方的语言。
②不讲不友好的语言。
③不讲不客气的语言。
④不讲不耐烦的语言。

"服务五声""四个不讲"是全体铁路客运服务人员在其工作岗位上必须做到的基本

要求。只有做到这些，才能使旅客高兴而来、满意而归，才能以文明规范的服务树立良好的企业形象。

2. 科学服务

科学服务，要求铁路客运服务人员在服务过程中掌握科学有效的现代服务方法。科学服务就是要有方法、有方式，就是在服务中不能够无规矩乱来。这实际上是对规范服务的进一步的、高层次的要求。科学服务有以下两点具体要求。

（1）娴熟的专业技能

掌握铁路客运专业知识，明确铁路站车服务工作的主要服务环节，掌握列车服务的主要服务接触点以及各服务接触点的服务标准与服务话术。学会处理旅客抱怨，提高与旅客的交往水平等。

（2）洞悉旅客的心理

对于一个优秀的铁路客运服务人员而言，理解旅客的真实心理是十分必要的。而要了解旅客的心理，铁路客运服务人员就必须做到两个了解。

一要了解社会学。不了解社会学就无法服务社会，要为社会服务好就必须学习社会学。

二要了解心理学。每个人的心理既有共性，又有个性。只有学习心理学，才能真正洞悉人们的心理，才能摸清旅客的需求，才能做到科学服务。

3. 优质服务

优质服务就是对服务的精益求精。从某种意义上讲，强调优质服务，就是要不断地提高自己的服务质量，做到人无我有、人有我优，更上一层楼，不断进步。做到优质服务，铁路客运服务人员必须注意以下几点：

①尽心尽意。就是在力所能及的条件下尽心尽意地服务好。

②尽力而为。能做到的事情尽力以实际行动做到。

③力求完美。在力所能及的情况下把事情做得力求完美、力争完善。

④争取满意。服务是不是优质，关键是旅客认可不认可，要力求让旅客满意。

在文明服务的要求中，规范服务、科学服务、优质服务是连带关系。没有规范服务，科学服务、优质服务就无从谈起。科学服务不到位，也就无优质服务可言。只有三者都做到了，才是真正的文明服务。做到了规范服务、科学服务、优质服务，服务质量就会提高。

二 礼貌服务

礼貌服务指铁路客运服务人员按照服务礼仪规范要求对服务对象提供服务。它既是一种特殊的礼节要求，又是服务礼仪的具体运用，是服务行业优质服务的一个重要组成部分。礼貌服务要达到以下基本要求。

1. 聚精会神，举止规范

聚精会神是开展礼貌服务的前提条件，是服务行业最基本的职业要求，是服务工作的一个重要特点。假如在服务过程中，铁路客运服务人员对旅客视而不见，对他们提出的要求充耳不闻，连服务的最低要求都无法满足，何以谈高层次的礼貌服务。

除了聚精会神之外，还要求铁路客运服务人员的举止动作规范，优美得体的举止动作能衬托出铁路客运服务人员的优雅气质和风度，也是铁路客运服务人员培养仪态美的起点。

所以，铁路客运服务人员在服务过程中的迎宾、应接、引领等场合的表情、举止动作要求规范、优雅。

2. 衣着整洁，合乎规范

整洁的衣冠、恰当的修饰既可以给人以美的感受，又能给对方留下美好的第一印象。铁路客运服务人员在与旅客交往时，注重自身外表的修饰，既可以展示出良好的个人形象，又能够传递出较高的内在修养，更是尊重旅客的重要表现。礼貌服务要求每位铁路客运服务人员的衣着均应做到清洁、整齐、挺括、规范。服装要勤换洗，而且洗后要熨平整（裤子熨出裤线），经常保持整洁，皮鞋也要上油擦亮，等等。

三、主动服务

所谓主动服务，就是要服务在旅客开口之前。主动服务意味着铁路客运服务人员要有更强的情感投入。有了服务规范和工作标准，只能说是有了为达到一流服务而必备的基础条件，并不等于就有了一流的服务。铁路客运服务人员只有把自己的情感投入到一招一式、一人一事的服务中去，真正尊重旅客，真正从心里理解他们，关心他们，才能使自己的服务更具人情味，让旅客倍感亲切，从中体会到铁路客运服务人员较高的服务水平。

【阅读资料1-3】

北京一家饭店的西餐厅早餐时间，服务人员注意到一位年岁较大的客人先用餐巾纸将煎鸡蛋上的油小心的擦掉，又把蛋黄和蛋白用餐刀切开，再就着白面包把蛋白吃掉，而且在吃鸡蛋时没有像其他客人那样在鸡蛋上撒盐。服务员揣摩客人可能是因患有某种疾病，才会有这样比较特殊的饮食习惯。

第二天早晨，当这位客人又来到餐桌落座后，未等开口，服务人员便主动上前询问："您是否还是用和昨天一样的早餐？"待客人应允后，服务人员便将与昨天一样的早餐摆放在餐桌上。不同的是煎鸡蛋只有蛋白而没有蛋黄。客人见状非常高兴。边用餐边与服务人员说，之所以有这样的饮食习惯，是因为他患有高血压，遵从医嘱的结果。以前在别的饭店用餐，他的要求往往被服务员忽视。而这次在这家饭店住宿用餐，感到非常满意，并为服务员的细致观察、主动服务精神所叹服。

主动服务在很多场合常常以一种超前的服务行为表现出来。这种服务的超前性是服务人员急顾客所急，想顾客所想，在顾客尚未提出要求之前，就以主动的服务行为满足顾客的需要，能给顾客带来更强烈的欢愉性，甚至使顾客终生难忘。正所谓，"人们可能忘记你说了什么，可能忘记你做了什么，可他们永远不会忘记自己的感受"。

四、热情服务

所谓热情服务，是指铁路客运服务人员出于对自己从事的职业有肯定的认识，对旅客的心理有深切的理解，因而富有同情心，发自内心满腔热情地向旅客提供的良好服务。热情服务，在服务中多表现为精神饱满、热情好客、动作迅速、满面春风。

【阅读资料 1-4】

午餐时间，一位来自外地的客人到一家餐厅就餐。客人入座后，服务员热情地为客人端茶、送香巾。在上菜时，还主动为客人介绍菜肴特点及烹饪方法。当看到客人愁眉不展似有心事时，服务员便轻声询问能帮助做些什么。原来这位客人要去拜访一位朋友，具体地址和联系电话却不慎丢失，只记得大概方位。服务员凭借平时的积累，给予客人重点提示，最终使客人想起地址名称。对于服务员这种非本职工作范围的"分外"热情服务，客人非常满意。

五 周到服务

所谓周到服务，是指在服务内容和项目上想得细致入微，处处方便旅客、体贴旅客，千方百计帮助旅客排忧解难。这些服务是实质性的，客人能直接享受到的。周到服务还体现在不但能做到、做好共性规范服务，还能做到、做好个性服务。个性服务有别于一般意义上的规范服务，它要求有超常的更为主动、周到的服务。所谓超常服务，就是用超出常规的方式满足旅客偶然的、个别的、特殊的需求。

【实训任务 1-4】 铁路列车服务情景练习

1. 任务目的

把学生分为若干组，运用所学的铁路客运服务礼仪基本要求的相关知识，以及客运规章的相关知识，自编、自导、自演，进行铁路列车客运服务的情景练习，要求有情节，时间在 4 分钟之内。

2. 任务内容

要求学生根据所掌握的服务礼仪知识，在服务过程中把服务礼仪的基本要求体现出来。

3. 任务步骤

（1）各组自编、自导、自演，进行铁路列车服务情景练习。每组至少 4 人；每组所编排的情景练习应体现文明服务、礼貌服务、主动服务、热情服务、周到服务等内容。

（2）学生对每组的情景练习进行评议。

（3）最后由教师对每组的情景练习进行归纳和总结。

4. 任务总结

服务质量由服务态度与服务技能两大要素构成。当今，旅客对服务态度的重视程度往往会高于对于服务技能的重视程度。铁路客运服务人员学习和运用服务礼仪，最切实可行的办法是要抓住其重点——就是那些对服务工作具有普遍指导意义的基本原则。文明、礼貌、主动、热情、周到，就是铁路客运服务工作严格遵照的原则要求。

一、填空题

1. 世界服务协会曾经对"服务"的英文"SERVICE"做了经典的表述。其中"S"表示_____,"E"表示_____,"R"表示_____,"V"表示_____,"I"表示_____,"C"表示_____,"E"表示_____。
2. 服务就是在满足顾客利益的过程中,使顾客感觉到_____。
3. 服务具有以下几个特征:_____、_____、_____、_____。
4. 优质服务的原则是_____、_____、_____。
5. 礼仪中敬人的规则和标准包括四个方面:_____、_____、_____、_____。
6. 运用礼仪要掌握以下原则,即_____、自律的原则、适度的原则、_____。
7. 礼仪的特征包括:_____、_____、_____、限定性和继承性。
8. 铁路客运服务礼仪的基本要求:_____、_____、_____、_____、_____。

二、选择题(根据每小题后面给出的答案,选择一个或几个正确答案,把选项填在每小题后面的括号中)

1. 通过英文单词"SERVICE"对"服务"做了经典的表述,其中"S"表示( )。
   A. 精通业务   B. 微笑待客
   C. 对顾客亲切友善   D. 邀请顾客再次光临
2. 礼仪的核心是( )。
   A. 敬人   B. 自尊   C. 自律   D. 平等
3. 下面语句中表述正确的项是( )。
   A. 服务就是给予   B. 服务就是帮忙
   C. 服务就是付出   D. 服务就是包容
4. 铁路客运优质服务的标准主要包括的内容是( )。
   A. 始终以旅客为中心   B. 积极帮助旅客解决问题
   C. 对旅客热情、尊重和关注 D. 设身处地为旅客着想
5. 对礼仪如何理解,下列语句表述正确的是( )。
   A. 礼仪是一个人内在修养和素质的外在表现
   B. 礼仪是为人处世的行为规范
   C. 礼仪是提高自己逻辑思维能力的方法

D. 礼仪是个人卫生的要求和规则

6. 礼仪原则中"适度的原则"主要是指运用礼仪时（　　）。
   A. 既要掌握礼仪的普遍规律，也要掌握分寸
   B. 既不能做得过头，也不能做得不到位
   C. 既要彬彬有礼，又不能低三下四
   D. 既要热情大方，又不能轻浮诌媚

7. 下列语句中，对"服务五声"表述正确的项是（　　）。
   A. 来有迎声，问有答声，去有送声，服务之前有提醒声，服务不周有道歉声
   B. 来有应声，问有答声，去有送声，服务之中有提醒声，服务不周有道歉声
   C. 来有应声，问有答声，去有送声，服务之后有提醒声，服务不周有道歉声
   D. 来无应声，问有答声，去有送声，服务之前有提醒声，服务不周有道歉声

8. 服务人员的科学服务，有以下两点具体要求，它们分别是（　　）。
   A. 踏实的工作态度　　　　　　B. 娴熟的专业技能
   C. 洞悉旅客的心理　　　　　　D. 较高的交往能力

三、判断题（下面的语句表述是否正确，请在每句话后面的括号中填写"正确"或"错误"）

1. 服务就是以客为尊，尊重是服务的基础。（　　）
2. 服务分为有形服务和无形服务，有形服务就是满足顾客物质方面的需要，无形服务就是满足顾客精神方面的需要。（　　）
3. 在现今的服务经济时代，大多数学者认为有形服务和无形服务在服务中所占有的比重分别是2/3、1/3。（　　）
4. 在服务的过程中，我们对所有旅客的服务应当是一致的，没有必要满足一些旅客的个性需求。（　　）
5. 礼仪就是敬人的行为规则和标准。（　　）
6. 在人际交往中，礼仪往往是衡量一个人文明程度的准绳。（　　）
7. 在人际交往中，运用礼仪最大的好处，就在于让对方更好地理解自己所要表达的信息。（　　）
8. 所谓主动服务，就是要服务在旅客开口提出要求之后。（　　）
9. 铁路客运服务礼仪的基本要求是：文明、礼貌、主动、热情、周到。（　　）
10. 铁路客运服务礼仪的内涵，是指铁路客运服务人员在自己的工作岗位上向服务对象提供服务时，向对方表达敬意的行为规范和标准。（　　）

四、简答题

1. 礼仪的功能有哪些内容？
2. 铁路客运优质服务的标准有哪些？

3. 礼仪的原则有哪些？如何理解"敬人"的原则？
4. 学习铁路客运服务礼仪的意义有哪些？

五、论述题

1. 如何理解"服务就是给予，就是帮忙，就是付出"。
2. 为什么说"服务礼仪是塑造服务人员个人形象与企业形象"的有力工具？

模块 2

服务素养与服务意识

学习目标

1. 明确客运服务人员应当具备的服务素养。
2. 明确服务意识的内涵，认识服务意识在服务中的作用。
3. 掌握服务意识的培养方法，提高自己的服务意识。
4. 理解"服务的态度决定服务的行为，服务的行为决定服务的结果""工作态度决定一切"的含义。

内容概要

客运服务人员内在的服务素养，是做好服务的根本。服务意识是客运服务人员职业素养当中最重要的方面，服务人员只有具备了较高的服务意识，其他素养才能发挥作用。有服务意识的服务人员才是优秀的服务人员。服务意识决定服务的品质。一流的服务是由一流的服务人员做出来的。一流的服务人员必须要有积极付出的服务心态，而积极付出的服务心态正是服务人员服务意识中最核心的内容。服务人员的服务态度决定服务的质量。

建议课时

4课时

单元 2.1　服务人员的服务素养

服务人员在服务过程中，所表现出来的积极主动、热情友好、礼貌待客、微笑得体、举止规范等，必须要有一个内在的东西做支撑，而这种内在的东西就是服务人员的服务素养。服务素养属于职业素养的范畴，是指企业对服务人员个人素质方面的要求。那么，铁路客运服务人员究竟需要具备哪些服务素养呢？铁路客运服务人员的服务素养主要包括：个人修养、心理素质、专业素质、综合素质。

一、服务人员的个人修养

个人修养是一种自我暗示，是一种为人处事的态度。个人修养的提升，能让人的自我意识或思想产生持久的变化，从而帮助人实现个人目标。

1. 尊重为本

作为一名服务人员，尊重为本是与旅客交往中的最基本的要求。没有尊重，服务就不存在。俗话说得好："尊重顾客是一种常识；尊重上级是一种天职；尊重同事是一种本分；尊重下级是一种美德；尊重所有的人是一种修养。"

2. 谦虚诚实

谦虚是一种美德。有的客运服务人员往往认为旅客说的话都是外行话，甚至不懂装懂，对旅客不屑一顾，这样就会让旅客产生反感。社会在发展，知识也在不断地更新，诚恳、谦虚地与旅客沟通并不会暴露自己的不足，反而能够赢得旅客的认同和尊重。客运服务人员不要轻易对旅客承诺，随便答应旅客的要求，这样会给自己的工作造成被动。但是客运服务人员必须要牢记自己的承诺，一旦答应旅客就要做到，就要尽心尽力去做。对于通过自己的努力也无法做到的，应该主动向旅客道歉并说明原因。

3. 宽容为美

忍耐与宽容是面对无理旅客的法宝，也是一种美德。客运服务人员需要有包容心，要包容和理解旅客。真正的旅客服务必须在意旅客本人的喜好和情绪。旅客的性格不同，处事的方法也不同，客运服务人员在提供服务的过程中应当以旅客为导向，牢记自己的职责，用自己的宽容去感化旅客。这样，旅客一旦被客运服务人员的服务所感动，更容易成为忠诚的旅客。

4. 同理心

我们都听说过同情心，但是服务过程中更需要同理心。同理心，就是换位思考，就是站在旅客的角度去思考问题，真正理解旅客的想法和处境。同理心是做好服务的重要的法宝之一。

5. 勇于担当

在服务过程中，客运服务人员应遵从"首问负责制"。第一个接受旅客咨询、求助的，必须善始善终地协助旅客解决好问题，坚决杜绝推诿扯皮现象。客运服务人员是铁路企业的窗口和缩影，对外代表的是企业的形象和品牌。因此，对于旅客的问题，客运服务人员不能说这是哪个部门的责任，一切的责任都需要通过"我"把它化解，对旅客要勇于承担责任，千万不要让旅客感觉你在踢皮球。

6. 积极热情

服务就是情绪的传递。在服务过程中，积极热情的态度会传递给周围每一个人，会营造出一种温馨融洽的氛围，旅客也会对你顿生好感。谁也不愿意和每天哭丧着脸的人交往，客运服务人员必须牢记：旅客服务要有激情，旅客永远喜欢与能够给他们带来快乐的人交往。

二 服务人员的心理素质

心理素质是指人类在长期社会生活中所形成的心理活动在个体身上积淀的心理倾向、特征和能动性。良好的心理素质是客运服务人员综合素质的重要组成部分，一个情绪不稳定、性格孤僻、人际关系紧张的客运服务人员通常不可能为旅客提供热情、友善、亲和的服务。

1. 要有满负荷情感付出的支持能力

在服务过程中，对每一位旅客，客运服务人员都要提供最好、最周到的服务，不能有

所保留。而且，对待每一位旅客，需要付出同样饱满的热情。对每一位旅客而言，客运服务人员都是第一次为他服务。旅客不知道客运服务人员前面已经接待服务了多少旅客，他考虑的是客运服务人员现在应当把他服务好，并不理解客运服务人员已经很累了。对于客运服务人员来说，每个人的这种满负荷情感的支持能力是不同的。一般来说，工作时间越长的客运服务人员，满负荷情感付出的支持能力就越强。让每一位旅客都感受到同样好的服务，是客运服务人员优质服务追求的目标。

2. 积极的心态

客运服务人员往往因为旅客的误解，或是感觉每天周而复始的工作很枯燥，心态和情绪或多或少会受到消极的影响，这是很常见的，也是很正常的。保持一种积极的心态，需要客运服务人员懂得自我调整，进行情绪调节。比如，以积极主动的心态与旅客交流、与同事交流，不断感受工作带给自己的快乐等。最重要的是要以积极的心态面对旅客和同事，用真诚和热情赢得他们的认同、关注和信任。

3. 控制自我情绪

情绪的自我掌控和调节能力是指什么呢？比如，每天接待100名旅客，可能第一位旅客就把你批评了一顿，因此心情变得很不好，情绪很低落，而你又不能回家，因为还有99位旅客在等着你。这时候你会不会把第一位旅客带给你的不愉快转移给下一位旅客呢？这就要客运服务人员及时调整自己的情绪。客运服务人员应该以热情周到的服务迎接每一位旅客。例如，一些企业顾客服务中心的在线服务人员专门接听电话，一天要受理400多个投诉和咨询。与400多位形形色色的顾客打交道，需要对每一位顾客都保持同样的热情，要做到这点很不容易。只要中间有一个环节出了差错，与顾客产生不愉快，就很难用一种特别好的心态去面对下面的顾客。因此，优秀的客运服务人员必须具备过硬的心理素质。

4. "处变不惊"的应变力

所谓应变力就是对一些突发事件的有效处理能力。作为客运服务人员，每天要面对不同的旅客，经常会遇到一些挑战性的情况。例如，一位喝了酒的旅客，上车之后因为座位的问题与客运服务人员发生了语言冲突。这时候，有些客运服务人员可能一下就吓哭了，不知所措；而一些有经验的客运服务人员，就会很稳妥地做出处理。稳妥处理冲突的能力就是应变力。怎么样提高自己的应变能力呢？

（1）敏锐的洞察能力。这是一种迅速、准确地抓住问题要害的能力。正确地发现和提出问题就成功解决了一半问题。所以，我们要有见人所未见的本领和敏锐地识别问题的能力。

（2）敏捷的反应能力。敏捷的反应能力是指人在思维过程中，当机立断和及时解决问题的能力，这种能力是应变的基本功。面对突发事件，是不容迟疑不决的，必须快速反应，迅速做出判断。

（3）准确的判断能力。这是对发生的事件进行辨别、分析，根据事件的性质和形式的不同在短时间里做出准确的判断，从而把握事件趋势的能力。

应变能力的提高，需要必要的知识、出色的智慧、敏捷的头脑和丰富的经验。

三 服务人员的专业素质

专业素质是指企业员工为完成其基本职责所必须具备的素质。铁路客运服务人员需要掌握的相关专业知识有客运规章和相关法律法规、服务礼仪、旅客沟通等，具体内容包括以下几方面。

1. 娴熟的业务知识及工作经验

娴熟的业务知识及工作经验是解决旅客问题的必备武器。不管做哪个行业都需要具备专业知识和经验。铁路客运服务工作，要求客运服务人员能跟旅客进行专业的、良好的沟通，能够解释与解决旅客提出的问题，为旅客提供专业的帮助。因此，客服人员要有很丰富的行业知识和经验。

2. 思维敏捷，具备对旅客心理活动的洞察力

对旅客心理活动的洞察力是做好服务工作的关键所在。客运服务人员思维要敏捷，懂得察言观色，具备敏锐的洞察力，能洞察旅客的心理活动，从而更自如地与旅客进行沟通交流。

3. 提高服务礼仪水平

服务礼仪是礼仪在服务行业中的具体运用，是从事服务行业的人员在自己的岗位上完成本职工作所应具备和严格遵守的行为规范。服务人员认真学习、自觉遵守服务礼仪，是提高服务人员素质的要求，也是增强企业竞争力的重要环节。

4. 良好的语言表达能力

良好的语言表达能力是实现与旅客有效沟通的必要技能和技巧。在服务岗位上，准确而恰当的语言表达，是对客运服务人员的一项基本要求，同时也是客运服务人员做好本职工作的基本前提。客运服务人员在与旅客进行交谈时，应做到彬彬有礼、用语得体和声音自然、亲切。

5. 优雅的形体语言表达技巧

哲学家培根说："相貌的美高于色泽的美，而秀雅合适的动作美又高于相貌的美，这是美的精华。"掌握优雅的形体语言表达技巧，能体现出客运服务人员的专业素质，给旅客以美感。优雅的形体语言表达技巧是内在的气质通过外在形象的表露，举手投足、一言一行，都表现出客运服务人员的专业素质和职业形象。恰到好处的形体语言表达，能帮助客运服务人员更好地为旅客服务。

6. 良好的倾听能力

良好的倾听能力是实现与旅客沟通的必要保障。倾听是重视交往对象的一种表现，是一种情感的交流，是服务人员的一种修养。

四、服务人员的综合素质

服务人员的综合素质，从某种意义上说，应该包括完整健康的人格、较强的工作能力、成熟稳定的心理素质和优雅的外在形象气质。

1. 分析解决各种问题的能力

优秀的客运服务人员不但需要做好旅客服务工作，而且还要善于思考，能够提出合理的工作建议，有分析解决问题的能力。

2. 独立处理工作的能力

优秀的客运服务人员要能够独当一面，具备独立处理事情的能力。一般来说，企业都

要求服务人员能够自己去完成本职工作岗位规定的工作内容和要求。

3. 协调人际关系的能力

优秀的服务人员不仅要协调好自己与旅客的关系，而且还要善于协调与同事之间的关系，以达到提高工作效率的目的。人际关系的协调能力是指在工作中协调与旅客、与同事之间关系的能力。有的时候，同事之间关系紧张、不愉快，会直接影响客户服务工作。

4. 较高的团队协作能力

团队协作能力是指建立在团队的基础之上，发挥团队精神，互补互助，以达到团队最大工作效率的能力。对于服务企业的服务人员，不仅要有个人能力，而且更需要有在不同的岗位各尽所能、与其他成员协调合作的能力。

【实训任务2-1】 客运服务人员服务素养的提升

1. 任务目的

通过模拟练习，让学生意识到客运服务人员具有较高的服务素养与应变能力的重要性。

2. 任务内容

列车餐吧服务员在给某车厢一旅客送盒饭时，由于列车晃动和身后一旅客碰撞，不小心把盒饭里的菜汤洒在了需要盒饭的旅客身上，这位旅客非常生气。这时，作为客运服务人员应如何处理这一问题？

3. 任务步骤

（1）每两人为一组，一人扮旅客，一人扮餐吧服务员，练习时间5分钟。

（2）学生对每组的模拟练习进行评议。

（3）最后由教师对每组的模拟练习进行归纳和总结。

4. 任务总结

通过模拟练习，要求把客运服务人员在服务中的以尊重为本、宽容为美，同理心，积极热情，自我情绪控制，语言表达能力，良好的沟通能力等服务素养体现出来。通过练习，使学生明白，作为一名优秀的客运服务人员，必须具备一定的内在服务素养，这是做好本职工作的根本。

单元2.2 服务人员的服务意识

服务的目标就是让顾客满意，顾客满意就是顾客对其要求已被满足程度的感受。顾客的要求分为明示的要求和潜在的要求。顾客明示的要求服务人员容易满足，而顾客潜在要求的满足，就需要服务人员用心去体察客户的内心，要求服务人员具有较高的服务意识。

一位服务专家经常去企业讲授服务方面的课程，有人问他什么是服务，什么是服务意识。这位专家如此说道："如果一位员工怕顾客投诉，或者是害怕领导检查，再或者是为了获得更高的薪水和职位，从而有优秀的工作业绩，那么他所做的并不叫真正的服务，更谈不上良好的服务意识！"一开始，许多人都不理解这位专家的说法。这位专家最后说："真正的服务意识应该是把遵守规章制度、领导考核和薪水提高三个目的排除之后，完全发自内心地为客人自觉服务的心理取向。由这种意识支配的服务，才是真正的服务。"

【阅读资料2-1】

某航空公司招聘空乘人员的最后一关，是由招聘主管和应聘者进行单独面谈。谈话很短，通常一两句话还没说完，航空公司的招聘主管就会说："对不起，我还有一件事情急需处理，请您稍等，我马上回来。"其实，他是去找公司另外几个人考验应聘者。这些人和应聘者不认识，敲门进来以后，会向应聘者提出几个问题。这些问题往往是应聘者不知道的，比如财务室在几楼，或者洗手间在哪里，以测试应聘者如何回答，而他的回答会记入面试表格。

应聘者通常会有三种回答：

第一种回答是"不知道"。回答不知道的人会被直接排除掉。

第二种回答一般是"对不起，我不知道。我是来面试的"。这样回答的人会被留下来，算是合格了。

第三种回答是"对不起，我不知道。我是来面试的，我去帮你问问吧"，然后他可能会跑到其他办公室去问其他人，然后告诉询问者。这样回答的人被认为是有较强服务意识的，肯定会被留下。

（本资料由编者根据相关资料改写）

服务意识的内涵

服务意识是一种乐于为别人提供帮助的意愿，是主动满足旅客潜在需求的服务能力，应发自客运服务人员的内心。

为了能够及时、准确地识别旅客的潜在需求，需要客运服务人员主动关注旅客、察言观色，通过主动与旅客沟通发掘旅客的潜在需求，从而尽可能满足旅客的需要。在服务过程中，旅客的潜在需求主要有被关心、被倾听和客运服务人员专业化、迅速反应四个方面。

服务意识也是以别人为中心的意识。拥有服务意识的人，常常会站在别人的立场上，急别人之所急，想别人之所想；为了别人满意，不惜自我谦让、妥协，甚至奉献、牺牲。缺乏服务意识的人，则会表现出"以自我为中心"和自私自利的价值取向，把利己和利他矛盾对立起来。

服务意识和服务能力的区别就在于，服务意识是愿不愿意做好的问题，而服务能力则是能不能做好的问题。为了向旅客提供优质的服务，客运服务人员应当努力培养和提高自己的服务意识，把消极被动为旅客服务的思想转变成积极主动地为旅客解决问题的意识。

二、客运服务人员应具备的服务意识

1. 用心为旅客服务，关注服务细节

在服务领域有一句名言：用力工作只是称职，有心工作才算优秀。客运服务工作应当是用我们的"八心"，即感恩心、诚实心、善解心、谦卑心、仁爱心、宽容心、责任心、奉献心，去换取旅客的那颗心。用心服务体现在每一个细节上。客运服务人员在服务过程中，能关注服务细节，做好服务细节，就一定能提高服务质量，提高旅客的满意度。

服务细节就是那些在服务中琐碎、繁杂、细小的事。这些事一旦做不好，做坏了，就使其他工作受连累，甚至把一件大事给搞砸。可惜明白这一道理的人并不多。管理大师汤姆·彼得斯说：卓越往往表现在这些细微之处。这些小事，做一次可能没有什么，但是，成千上万的这些小事加起来，就会产生巨大的变化，引起不同的反响。它会使您的组织与众不同，也会给您带来忠诚的客户（会有更多的回头客）以及丰厚的利润回报。

2. 重视旅客的心理感受

很多旅客的心理是"我是买了车票坐车的，服务人员理应给我相应的服务"。他们潜意识里十分在意客运服务人员对他们的尊重和关注。所以在与旅客沟通和交流时，首先出现在客运服务人员脑海里的应是"这位旅客不是白坐车的，他是买了车票的""我怎样才能让这位旅客满意"。客运服务人员的服务没有让旅客感到受重视和尊重，旅客就有可能会抱怨，甚至会把这种抱怨投诉到上一级组织。

重视旅客要通过行动和语言表达出来。比如客运服务人员在接待旅客的时候说敬语、使用亲和的语音语调、讲究礼貌礼节、以同理心倾听旅客的感受等，可以通过这些细微的动作和言行让旅客感受到被重视和关怀。客运服务人员需要从潜意识里认识到旅客服务的重要性，才能在行动中不自觉地表现出来。虚情假意地表现出频繁的恭维，没有实际的行动，反而会让旅客反感。

3. 为旅客着想是客运服务人员义不容辞的责任

积极的人是主动的，消极的人是被动的。积极的人是主动的改变者，依据原则做出决定，敢于为自己的决定负责；而消极的人总是轻易说出"我不行"（这种语言完全体现出一种不负责任的态度），永远摆脱不了环境的束缚。客运服务人员身负为旅客服务的责任，应该积极主动地为旅客着想，为他们解决问题。

积极主动地为旅客着想，其实是一个人服务态度的问题，而一个人的服务态度问题归根结底又是做人的问题。做人正确了，他的服务行为一定是正确的。做人要培养自己的"一仁两心"，即仁爱的品质、爱心和包容心。一个人的仁爱品质、爱心和包容心培养起来了，很自然地就会主动为服务对象着想，服务的言语就会更加美好，服务态度就会好起来。

服务意识应当根植于每位客运服务人员每天的行动之中。客运服务人员只有在内心深处拥有强烈的服务意识，其一举一动才能真正地感动旅客。在客运服务人员的品格素质当中，服务意识是最为重要的。如果一个人没有乐于助人的意愿，那么可以想象他根本就谈不上主动服务，谈不上宽容，也谈不上谦虚、同理心、积极热情。很多企业的服务质量差，就是因为服务人员没有服务意识。

三 服务意识决定服务品质

在服务过程中，只有自觉主动地为旅客付出爱心、提供帮助和服务的人，才是真正具有服务意识的人。服务意识不是技能，是一种工作态度。服务意识是不能由规章制度来保持的，必须内化在客运服务人员的人生观里，成为一种自觉的思想体系。服务意识应当是深入到客运服务人员血脉中的一种意识。只有具备了这样一种意识，才能把服务质量提高到一个新境界。

当客运服务人员拥有较高服务意识的时候，他的工作就不是从只为完成工作任务出发，而是能够自动自发地、自觉自愿地站在旅客的角度，为旅客着想，帮助旅客解决问题，这才是最好的服务。在服务过程中，客运服务人员只是机械地履行工作守则中的规定，充其量不过是使旅客不至扫兴而已。只有用心地领悟旅客的心境，并加以满足，才能让旅客满意和感动。

服务意识是客运服务人员基本素质中最重要的方面，有服务意识的客运服务人员才是优秀的客运服务人员，服务意识决定服务品质。

四 服务意识的培养

服务意识是客运服务人员极为重要的工作理念。客运服务人员只有在良好的服务意识指导下才能发挥其工作热情，提高对客运服务工作的兴趣，为旅客提供优质周到的服务，从而为企业带来良好的社会效益和经济效益。因此，对铁路客运服务人员来说，服务意识的培养至关重要。

服务意识是客运服务人员必须具备的基本素质。客运服务人员的素质是多方面的，包括思想素质、知识素质、专业素质、职业素质等，缺乏任何一方面的素质都不可能成为合格的客运服务人员。但在众多的素质中，服务意识是基础。只有具备服务意识，其他素质才能发挥作用。然而，服务意识不是熟读服务章程就可以养成的，也不是一味埋头苦干就能培养的，更不是用规章制度就能规定出来的。这种发自内心的意识需要通过有意识地培养和引导而形成。现在，客运服务工作的年轻从业者，大多比较自我，责任意识薄弱，服务意识欠缺，面对旅客的需求，不知道如何应对，甚至觉得无事可做。因此在学习专业知识和技能的同时，还要注重客运服务人员服务意识的培养，使他们的职业素质得到完善，从而更好地做好本职工作。对于引导和培养客运乘务专业学生的服务意识，可以从以下几方面着手。

1. 注重仁爱之心的养成

服务就是给予，就是帮助，就是付出。要做到这些，客运服务人员就必须要有爱心。爱，是一切行为的源泉，心不变，什么都变不了。在服务过程中，付出爱心，这是做好服务的基础，是实现自我价值的重要途径，有时还会得到回报，即使没有回报，那也是"予人玫瑰，手有余香"。

同理心也是仁爱之心的体现。在服务中，客运服务人员与旅客交往能否成功，全看客运服务人员能不能以同情的心理，体谅和接受他人的观点。同理心是做人的一种境界，在服务中客运服务人员能够经常进行换位思考是非常重要的。旅客需要帮助的时候，如果客运服务人员能够设身处地为旅客着想，能够站在旅客的角度去思考，并给他提供解决问题的方案，这样的服务才是优质服务。

2. 注重职业素养的提升

职业素养的高低是学生职业生涯发展成败的关键因素，因此，对于培养学生良好的职业素养是非常重要的。尤其是客运乘务专业的学生更应当如此。在竞争日益激烈的今天，提高学生的职业素养能帮助学生寻得理想的工作岗位。学生职业素养的培养，不仅影响他们对工作的选择，对以后的职业生涯更是重要。培养学生良好的职业人文素养，可以更好地实现个人的职业生涯可持续发展，最终成为行业、企业需要的合格的高素质技能型人才。培养学生的职业素养，应当把立德树人作为根本任务，着重培养学生的职业精神、工作态度、阳光心态、沟通能力、团队意识等。

3. 注重礼仪修养的培养

良好的礼仪修养，能够给他人以整洁、亲切之感，并在与他人交往中更具亲和力，自然能够促进服务质量的提升。当一个人具备良好的礼仪修养，就会自觉地关注他人，而不是过分的自我。礼仪的根本思想是为他人着想，具有良好礼仪修养的人在与他人交往时更有亲和力，更善于设身处地考虑他人感受。而服务意识是源于内心的主动为旅客着想的意识，是以旅客为中心的意识。就服务的角度而言，礼仪的根本思想和服务意识是统一的，具有良好礼仪修养的人更容易习惯以别人为中心，也就更容易养成良好的服务意识。

客运服务人员应当明白：在服务交往过程中，从某种意义上说，客运服务人员和旅客之间是不平等的。这种不平等，不是人格上的不平等，而是位置上的不平等。这种不平等在服务行业中被认为是合理的，但客运服务人员是否能心平气和地认识和接受这种合理的不平等或许因人而异。明末清初的思想家、教育家颜元说："身有礼则身修，心有礼则心泰。"对于能做到"心有礼"而"心泰"的客运服务人员会更易理解和接受自己在服务过程中的角色，从而以平和的心态对待服务，并能以旅客为中心来思考并完成服务工作。

客运服务人员要培养良好的礼仪修养，服务礼仪课程的作用不可忽视。服务礼仪作为服务行业从业人员在工作岗位上应当遵守的礼仪，对客运服务人员的服务修养有详细的规定和特殊的要求。客运乘务专业的服务礼仪课程应以培养学生的礼仪道德修养为主旨，以学生掌握客运服务礼仪规范为核心，围绕道德教育、德才修养、行为训练、形象塑造的教学模块展开。通过学习，客运服务人员能学会克服不利于合作和服务的个性特点，能懂得处理好服务与被服务关系的准则，能从礼仪的角度认识服务，逐渐把"为他人着想"转化为服务过程中的"为旅客着想"。

4. 注重对服务理念的感悟

服务就是在满足顾客利益的过程中，让旅客感到受重视。服务就是付出，就是给予，就是帮忙。所以要实现服务的真谛，既需动手，也要动脑。动手，指熟练的服务技能；动脑，指理解什么是旅客的"利益"或"潜在需求"，并能积极主动地去满足旅客的"利益"或"潜在需求"，真正实现为旅客着想。这种服务理念的树立，正是服务礼仪教学的核心所在。

在客运服务过程中，如果客运服务人员只是简单重复服务操作，再熟练也只是机械式的服务，因为每一位旅客在服务过程中的需求是不一样的。服务规程是根据大多数旅客的一般情况而制定的，是服务的通常情况和参照标准，但不同旅客有不同需求，不能照搬服务规程一概而论。服务意识的形成需要懂得服务的理念和真谛，领悟旅客的利益或潜在需求所在。要懂得为旅客着想，还要知道怎样才是为旅客着想。

因为社会的影响和误解，不少客运服务人员认为，服务"不就是伺候人嘛，有啥好讲究的。公司怎么要求的，照做就行了"，将服务的真谛和内涵理解得十分片面，结果也注定是不理想的。以按照服务规程进行机械服务为例，服务规程虽然全面而详细，但是都是服务的通常情况和参照标准，大多数情况下实际状况都是不一样的，不能按照规程一概而论。很多时候，一些个性化、特色化服务，既省时省力，又能够真正满足旅客的需求，因此良好的服务绝不是机械地按照标准进行操作，乃是手脑并用的高级技能和素质。动手是展示和运用良好的服务技能；动脑是指真正理解什么是服务，真正为旅客着想。这种服务理念的树立，正是教学的核心所在。

5. 注重服务实践的学习

服务既需动手，也要动脑，因此服务意识的培养还要有实践感受和实际经验的支持。在学校里，学生们有意无意地都是以学生或孩子的姿态自居，即使学习了丰富的服务知识，没有经过实践的考验和锻炼，将来走上客运服务岗位，依然需要较长时间去调整心态。客运乘务专业的学生在学校期间应积极参与社会服务兼职、校园社团服务、服务实习等服务实践活动，争取较多的机会和时间调整参与服务的心态，以使自己服务意识的养成更加顺利。

当今，大多数的学生在家人无微不至的照顾中长大，在缺乏良好的自我管理的同时，也缺乏责任感。而且一直孤立在学校环境中，使他们缺乏社会体验，理论和实际无法紧密结合，往往表现出薄弱的人际交往能力、团体协作能力和独立解决问题的能力。而服务实践活动可以使学生在独立思考和独立应对中，逐渐懂得对自我负责和对他人负责，增强责任感；并在应用中逐渐培养交往、协作、解决问题等能力，同时积累服务经验，使服务意识得到加强。服务实践活动还能帮助学生克服面对旅客时害怕被拒绝、被批评以及厌恶旅客等心理障碍，缓解学生的心理压力，使其心胸变得宽广、包容。

服务意识的培养不能一蹴而就，需要依靠良好的礼仪修养、专业的服务知识、娴熟的服务技能、丰富的实践经验作为支持。有这些作为基础，这也是客运乘务专业学生职业素质中不可或缺的部分。因此，服务意识的培养应始终贯穿于学校的培养教育过程中。

【阅读资料2-2】突破服务心障

一般而言，你认为谁对你最重要，你就会更乐于为谁服务，且服务得更好。

通常，我们都已经习惯于为自己的家人服务，为自己的朋友服务，为自己的上司服务。做到这些，在大家看来都不是一件太难的事情。因为他们对自己很重要，所以，会发自内心地为他们服务。

然而，我们却很少接受为陌生人提供良好服务的教育和训练。

殊不知，除了家人、上司、朋友之外，顾客也是很重要的。当你认识到我们的工资是从顾客那里来的，就应该把顾客当成重要的服务对象了。

现实工作中，你也许能够认同顾客重要的道理，但却不像在家里待客那样善于为顾客提供服务，这通常是因为你还是把他们当成陌生人对待。相信你在工作场所遇到家人或朋友前来购物或消费时，一定不会令他们失望。

有时候，你感觉应该为陌生的顾客主动服务，却总是犹犹豫豫，甚至贻误时机；有时候，你虽然在为陌生顾客服务，但却不像对待熟悉的顾客那样自然大方。这其实是由于一些心理障碍所造成的。常见的心理障碍大致有以下三个方面。

1. 担心服务不好

这是由于你对自己要求过高，或对自己的服务素质缺乏自信造成的。其实，顾客对你的要求未必像你对自己的要求那样高。多数顾客更在意的是你的服务态度，而不是服务知识和服务技能。

另外，没有几个顾客在服务知识和服务技能方面比你更内行，只要你大胆服务，顾客是看不出你的缺陷的。即使你在服务知识和服务技能方面的缺陷被顾客发现了，你可以自谦地说："我正在努力学习，以后不会这样的。"只要态度积极，顾客是不会为难你的。

假使你真的没有能力解决顾客的问题，也可以马上找人帮忙。

记住：只要服务态度好，即使服务知识和服务能力暂时不足，也没有关系。因为只有在服务顾客的实践中，你才能够发现自己的不足，也才能有意识地学习和改进。一个人的知识和能力总归是有限的，要善于借助团队的力量帮助顾客解决问题。你既可以找同事帮忙，也可以找上司帮忙，甚至可以请其他顾客帮忙。只要你愿意，总能把服务顾客的事情做好。

2. 感觉心里委屈

这其实是因为心理不平衡造成的。本来人人平等，为何我要服务别人，而别人被我服务呢？为了挣这点钱，值得我付出这么多吗？这是很多人在服务意识尚未真正建立之前的一种正常心理活动。的确，被服务的感觉要比服务别人的感觉好得多，因为你不必费心费力费时。尤其是当为顾客服务却得不到平等回报的时候，我们更会感觉到自己委屈了，似乎很不值得。

为了克服这一心理障碍，首先要明白这样一个道理：帮人更是帮自己。

试想一下，如果你周围有一个人，总是获得你和他人的帮助，却从来不去考虑帮助你和他人，时间一长，你和他人还会愿意再继续帮助他吗？相信大多数人都是有情感、有头脑的，既然人人都知道这个道理，那么你的付出也就不会白费了。这就是人际关系中的牛顿第三定律。

物理学里的牛顿第三定律讲的是：一个物体给另一个物体施加一个作用力的同时，也会受到来自另一个物体的反作用力，这两个力大小相等、方向相反。比如，你用拳头用力去砸石头的同时，感到自己的手很疼，这就证明你同时受到来自那块大石头的反作用力。而且你越是用力，你就会感觉越疼，因为这两个力大小相等、方向相反。

在人际关系中，这一定律也有一定的适应性。就是你帮助别人，别人也会帮助你；你付出的越多，你得到的也越多；你爱别人，别人也会爱你；你冷落别人，别人也会冷落你；你恨别人，别人也会恨你。总之，你付出什么，便会得到什么。

虽然人际关系上的牛顿第三定律似乎不像自然科学上的牛顿第三定律那样同步和精准，但也能大致反映人际交往上的一些特点和规律。

生活中的帮人，并不见得立即就能产生完全相等的回报，但是却能起到润滑人际关系的作用，使得你有个好人缘、好友圈，这也是你的一笔宝贵财富。

有人说，一个人事业发展的大小与他的"圈子"大小成正比，其实是很有道理的。

乐善好施的人才能得道多助、人熟路通。

在职场上，你多帮助同事，也会有一个好的工作圈。当你遇到困难和挑战时，别人也会主动帮助你。

对待顾客也是这个道理，如果你总是愿意帮助顾客并满足他们的需要，顾客就会对你产生信任感和依赖感，陌生顾客会变成你的熟客。当你遇到困难时，熟客也会来帮你渡过难关。明白了帮人也是帮自己的道理，就应该多多帮人，多为别人服务，因为这也是在帮助你自己。

3. 厌恶服务对象

喜欢谁才接近谁，讨厌谁就远离谁，这在日常生活中很普遍。

但是，在工作岗位上，如此"看人下菜碟"的做法，却严重违背了一视同仁的普遍服务原则。

要想克服这种心理障碍，必须调整自己的心态，让自己的心胸宽广起来，才能容纳各类人。在服务工作中，不管顾客什么样，都要一视同仁，不能厚此薄彼，这是基本工作职责。

世上没有完美的人，就连你自己也是既有优点也有缺点的。总是看到别人的缺点，别人也总看你的缺点，和谐的人际关系何以存在。

（本资料由编者根据相关资料改写）

【单元微课 2-1】铁路客运服务人员服务意识

本单元微课请扫描二维码3。

二维码3
铁路客运服务人员服务意识

【实训任务 2-2】践行"服务意识决定服务品质"

1. 任务目的

通过练习，使学生学会在服务中主动观察，积极与旅客沟通，发掘旅客潜在的需求，进而理解服务意识就是满足旅客的潜在需求，服务意识决定服务品质。

2. 任务内容

有一中年旅客，背着两件行李，满头大汗地搀扶着一位拄拐杖的老人上车，刚上车列车就启动了。这时，客运服务人员走过来，主动为这两位旅客服务。

3. 任务步骤

（1）依据以上情境，由两位学生扮演旅客，一位学生扮演客运服务人员，具体的情节内容，表演的学生可以再丰富。练习时间4分钟。

（2）情景服务练习完毕后，学生讨论服务过程中的得与失。

（3）最后由教师对每组的练习进行归纳和总结。

4. 任务总结

服务意识是一种自动自发地乐于为别人提供服务的意愿，是主动满足旅客潜在需求的服务能力，也是以别人为中心的意识。服务意识是服务人员基本素质当中最重要的方面，因为服务意识是创造超值服务、周到服务的根本。服务人员的服务意识决定服务的品质。

单元2.3　服务态度决定服务结果

服务态度是客运服务人员对于自己的工作所持的认识、看法和见解。态度决定行为，态度决定一切。当客运服务人员的态度发生变化，发生偏移，其工作行为势必违背礼仪的规范，服务质量势必降低。服务态度是否端正直接影响服务水平和服务效果。所以，客运服务人员要做好本职工作，在服务态度上必须对自己有一定的规范化要求。

态度是决定人的行为的支配要素。客运服务人员能否按服务礼仪规范要求约束自己的行为，提供令人满意的服务，有没有一个正确的服务态度是首要的前提。正确的服务态度可以决定正确的服务行为，可以促使客运服务人员以积极、主动、热情的服务方式赢得顾客。反之，服务质量低劣，服务行为不规范，其主要原因多是由于态度不端正。因此，遵守服务礼仪规范，提高服务工作质量，服务态度是关键。

客运服务人员正确的服务态度，具体体现在对服务的理解，以及为服务对象服务时的表现。其主要包括以下几点。

一　没有热情，服务就不存在

热情是一个优秀的客运服务人员不可或缺的素质。可以这么说，如果没有热情，服务也就不会存在了。热情的态度不仅是一个客运服务人员出类拔萃的基本条件，也是一个服务企业对所有客运服务人员最基本的要求。任何事情都需要热情，服务更是如此。

一个客运服务人员在服务过程中是否热情，决定了我们是否喜欢他、亲近他、接受他；一个客运服务人员最让人无法抗拒的魅力就在于他的热情。

保持热情的方法有很多种，以下几种是必需的。

1. 凡事感恩

学会感恩，能获得好心情。感恩是为人处世的智慧。感恩让我们变得更快乐。

随时随地感恩周围的人给你的付出和帮助，你会发现生活越来越美好；时时刻刻感恩亲人给你的爱，你会发现亲情更加浓厚。一个心存感激的人会在每天的生活中，看到美好的事物；当你确实对你所得到的心存感激，你就会得到更多值得感激的事物。怀有一颗感恩的心，用善良的眼睛看世界，将是打造个人魅力的必要基础。

能不能从你的工作中感受到乐趣，有时候并非取决于你是否喜欢你的工作，而取决于你是否拥有一颗感恩的心。

2. 拥有健康的体魄

健康是产生热情的基础。健康的身体可以让你无后顾之忧，可以帮助你的精神和情感充满活力。客运服务人员平时要进行一定的体育锻炼和一些体能活动，这样不仅有益于你的健康，也会让你一天的工作都充满活力和热情。

3. 培养诚挚热情的性格

热情是服务成功与否的首要条件，只有诚挚的热情才能感染顾客。当一群人都处于沉闷的气氛中，只要有一位具有热情性格的人加入，就能使大多数人心情放松，情绪愉悦。热情的性格是自信的创造者，可以使你热爱自己的工作，热爱你服务的顾客。

4. 保持热情的心态

亨利·福特曾说过："我喜欢热情的人，他热情，就会使顾客也热情起来，于是生意就做成了！"的确如此，热情是可以传递的。你的心态是积极的，传递给顾客的心态也必定是积极的；相反，你的心态是消极的，传递给顾客的心态就一定是消极的。保持热情的心态，能够鼓舞和激励一个人朝着美好的目标进发。

5. 善待他人，赞赏他人，帮助他人

积极热情，是一个人对生活的热爱，对生活的积极感悟，是凡事感恩的良好心态的一种表现。一个人的快乐永远都是在为他人付出的时候所得到的。在人际交往中，善待他人，赞赏他人，帮助他人，最终快乐的是自己。当你带着一种"善待他人，赞赏他人，帮助他人"的良好心态去与他人交往，你的全身上下都会透露出一种积极的、善意的、友好的光芒。当他人从你这里得到了这种美好的信息，也同样会把这些美好的信息传递给你。于是，在这种情况下你与对方的交往就有了一个非常好的基础。在这种情况下，你所做的服务，对方就更容易接受和认可。

【阅读资料2-3】

自然界的物质分为不可燃物、可燃物和自燃物。人也是可以这样分的。

做服务工作，就要挑选那种"自燃物"，他们天生就富有热情，因而愿意"通过帮助别人而获得快乐"。至于具体的技能和知识，是相对容易培养的。人要有所作为，必须拥有自燃性的热情，也就是说必须是一个"自燃性"的人。怎样才能成为具有"自燃性"的人？怎样才能拥有自己燃起热情的特质？最好最有效的方法就是"喜欢你的工作"。

有人就是没有办法喜欢自己的工作，该如何？

这里的关键就是要全心全意投入。"喜欢"和"投入"就像硬币的正反面，两者会形成一种因果关系的循环。喜欢会促使你投入工作，而投入的过程又会让你慢慢喜欢上工作。

无论做什么工作，只要你全心投入，一定会有成果，一定会产生很大的成就感与自信，接着又产生挑战下一个目标的意念。这个过程反复进行之后，对工作的喜欢程度就会提升。

（本资料选自日本企业家稻盛和夫所著《活法》）

二 做服务，先让自己充满爱心

优秀的客运服务人员，一定要有较高的服务意识和良好的行为习惯。对于客运服务人员来讲，做好服务首先要充满爱心。要知道，人是有血有肉的感情动物，闪亮的爱心可以温暖人。它就像一盏灯，在照亮别人的同时，也照亮自己。

"爱人者，人恒爱之"，这正是服务的伦理基础。服务本身就是在帮助顾客，解决顾客遇到的不便，给顾客带去便利和舒适。如果缺乏爱心，一切都会变得冷冰冰的。

在服务过程中，付出爱心，是做好服务的基础，是实现自我价值的重要途径，有时还会得到回报，即使没有回报，那也是"予人玫瑰，手有余香"。

【阅读资料2-4】

> 有一对上了年纪的老夫妻在一个寒风刺骨的夜晚，敲开了路边一家简陋的旅店的门，但很不幸，这家小旅店早已客满了。
>
> "这么冷的天气，我们该住哪里呢？我们已经寻找了十几家旅店了，没有想到这一家还是客满。"望着店外阴冷的夜晚，这对老夫妻哀叹道。
>
> 这时，店里的小伙计看到两位老人岁数已经很大了，如果再受冻，真是于心不忍。于是，他让这对老夫妻睡在自己的床铺上，而自己在店堂打地铺睡了一晚。
>
> 这对老年夫妻非常感激，第二天离店时坚决要按照住店的价格给小伙计付钱，但小伙计拒绝了。临走时，老年夫妻开玩笑似的说："你经营旅店的才能足够当一家五星级酒店的总经理。"
>
> "这倒不错，这样我的薪水完全可以让我的母亲安享晚年了。"小伙计也开玩笑地随口应和。
>
> 两年后的一天，小伙计收到一封来自纽约的信，信中夹着一张去纽约的往返机票，邀请他拜访两年前那对睡他床铺的老夫妻。小伙计应邀来到纽约，老夫妻把小伙计带到第45大街和第34大街的交会处，指着那儿的一幢摩天大楼说："这是一家专门为你兴建的五星级酒店，现在我们正式邀请你来当总经理。"
>
> 年轻的小伙计因为一次举手之劳的助人行为，从小旅店的小伙计直接成为大酒店的经理。这就是著名的奥斯多利亚大饭店乔治·波菲特和他的恩人威廉先生的真实故事。
>
> （本资料由编者根据相关资料改写）

这虽然是一个大家都熟知的故事，但是多年来一直为人们津津乐道。在服务中充满爱心，不仅能让顾客感到幸福，也能让自己在工作中获得内心的愉快和平静。付出爱，也必将被爱，这是互相的，犹如你播下种子，它会生根发芽、开花结果一样。

让服务充满爱心，想顾客之所想，急顾客之所急，顾客的需求就是你工作的中心内容。不要敷衍任何一位顾客，不要吝啬自己的爱心，献出自己的爱心，你也同样有机会从优秀走向卓越。

三、快乐服务是最好的服务

像植物的向光性那样，追求快乐也是人的本性。对客运服务人员来说，谁懂得这个道理，谁能向旅客提供快乐，他的服务就能被旅客接受与赞赏，他的服务品质就会得到提升。但是，要想给旅客提供快乐，自己首先要快乐起来。用一颗快乐的心与旅客沟通，旅客才会感受到你的热情。也就是说，只有使自己快乐起来，才能让旅客得到快乐。

追求快乐是人生中重要的目的。如果你能为别人创造快乐，带来快乐，那么你就做了一件好事。为旅客创造快乐，在快乐中为旅客服务是非常重要的。只有认识到服务的价值，才会以服务为乐，并把这份快乐传递给身边的人。客运服务人员以本职工作为乐，带给旅客的微笑才会是真诚的、发自内心的，服务才能是最好的。

快乐不仅可以使你自身放松，还能将这种情绪传递到周围的人身上。创造一种快乐的服务环境，让旅客在快乐中接受你的服务，是每一位客运服务人员都应为之努力的。具体需要做到以下两点。

第一，无论何时，带着真诚的微笑。

在人际交往中，任何人都喜欢与那些常常面带微笑的人接触。同样，作为客运服务人员，在面对旅客时，你满脸微笑或满脸阴沉，旅客给你的反应会截然不同。"微微一笑并不费力，但给人带来的好处无法算计，给人一个微笑，你并不损失分厘，但对方得到一个微笑，真的是一个福气。""微微一笑，缩短了人们交往的距离；微微一笑，关心和爱体现了出来。"不管在什么样的服务中，微笑都是一种巨大的力量，它有一种赢得顾客欢心的巨大魅力，可以让你产生无穷的亲和力。笑容满面与冷若冰霜也是服务好坏的根本区别，看着顾客的眼睛真诚地微笑是优质服务的真谛。所以说，在服务过程中，客运服务人员始终要带着真诚的笑脸，这会让你的工作更顺利。

第二，情绪分流，让自己永远有一份好心情。

心情好，事情往往顺利，事情顺利，心情就会好，这是良性循环。保持好心情的办法之一就是充分运用"情绪分流"的心理调节技术。

打断法——在想不开心的事情时，不能陷进去，否则会越想越乱，整个思绪都被坏情绪控制。要善于及时打断，在心里默念几遍：不想它，忘记它，坏情绪就会逐渐中断。

转移法——去做一件比较难的小事，并设法完成它。比如找一块脏的抹布，设法把它洗干净。

交流法——情绪坏时，永远别忘了志同道合、亲密无间的朋友，倾诉将有助于缓解坏情绪。

带给顾客快乐之前，请先确定自己今天是否快乐。如果得到否定的答案，那么要先去扫除自己的坏情绪，让自己在快乐的心情中做服务。

四、改变不了事情，就改变对待事情的态度

一个人因为某件事情受到了伤害，事情本身不重要，重要的是人对事情的态度。所以，如果改变不了客观事实，就改变自己的态度，态度变了，情况自然就不一样了。

一次,美国前总统罗斯福的家中被盗,丢失了许多东西。一位朋友听说了,忙写信安慰他,劝他不必太在意。罗斯福给朋友回了一封信:"亲爱的朋友,谢谢你来安慰我,我现在很平安,感谢生活。因为,第一,贼偷去的是我的东西,而没伤害我的生命;第二,贼只偷去我的部分东西,而不是全部;第三,最值得庆幸的是,做贼的是他,而不是我。"

对任何一个人来说,被盗都是不幸的事,而罗斯福却找出了感谢和庆幸的三条理由。如何在不利的事件中看到有利的一面,如何发现我们身边很多美好的事物,是一种处世哲学,是生活中的大智慧。

我们在职业生涯和生活中,不可能一帆风顺,种种失败、无奈都需要我们勇敢地面对,豁达地处理。那么,你是选择一味地埋怨生活,从此消沉沮丧、萎靡不振,还是对生活充满感激,跌倒了再爬起来?英国作家萨克雷说:"生活就是一面镜子,你笑,它也笑;你哭,它也哭。"

心态阳光的人,把工作当成自我实现的带薪学习过程,而不仅仅是为赚钱。职场中不是缺少快乐,而是缺少发现快乐的眼睛;工作中不是没有快乐,而是没有制造快乐的能力。拥有发现快乐的眼睛和制造快乐的能力,我们工作的场所就会是一个令人心情舒畅的"会所",我们工作的过程就是一个享受乐趣的过程。

【阅读资料2-5】 在工作中发现并创造快乐

美国有一个闻名全球的西雅图鱼市。在这个鱼市里,卖鱼的人边尽情地表演边卖鱼,买鱼的人在买鱼的同时,也享受到绝无仅有的快乐和放松。

一进入西雅图的派克鱼市,你马上就会欣赏到这里的经典项目"飞鱼秀"表演。一位游客挑中了一条大鲑鱼,年轻的鱼贩顺手抓起鱼往后面的柜台扔去,底气十足地喊着"鲑鱼飞走喽"。柜台那一端的小伙子,以一个漂亮的弧线动作接住鱼,然后边唱歌边将鱼过称、打包,整个动作优美流畅,一气呵成,好像他们根本不是在卖鱼,而是在进行杂技表演,围观的人群时常一片欢呼。

在这个鱼市里,到处是飞来飞去的鱼,大家边扔边唱和:"10条鲤鱼飞到华盛顿,哈……""快来看哟,哈……8只大蟹飞到纽约了。"鱼市中洋溢的快乐气氛,使得空气中散发的腥膻味也无影无踪了。此情此景,卖鱼的人和买鱼的人想不快乐都难。

你想想,日复一日辛苦单调的劳作,散发着腥臭味的工作环境,低廉微薄的收入,你还能够快乐起来吗?是的,很多年以前,这里也没有笑声,有的只是抱怨与骂人的声音。但是,有一天,不知是谁以苦作乐的行为传染了大家,使鱼市的商贩们意识到,与其愁眉苦脸地过一天,还不如高高兴兴地过一天。

于是,这种枯燥乏味的卖鱼生意成了一项妙趣横生的游戏。大家不再把卖鱼当作一件令人郁闷的事,而是把自己当成杂技团演员、合唱队队员或者棒球手。他们在卖鱼的时候,展示着娴熟的手艺,放声高唱自己编的歌词和顺口溜。就这样,整个鱼市天天笑声不绝,歌声不断,令人流连忘返。

鱼贩们积极阳光的心态不仅快乐了自己,也感染了街坊邻居和附近上班的人。闻声而来的人不但舍得花大价钱买鱼,而且还有人买了好酒好菜,和鱼贩子们一起用餐。

他们愿意搭上自己的时间和金钱,就是为了图个好心情,然后把这样的心情带到工作和生活中去。

有人问鱼贩子:"你们整天泡在充斥鱼腥味的环境里,起早贪黑,收入微薄,为什么还如此快乐呢?"

鱼贩子告诉他们:"这没什么奇怪的,只要你这样想就行了:不是生活亏待了我们,而是我们的期望值太高了。只要你留意,每个角落都隐藏着无数个快乐。我们要做的,就是把隐藏的快乐拉出来,和我们一起晒太阳。"

如今,西雅图派克鱼市已经成为一个著名的旅游景点,每天数以千计的当地人和外地人都聚集在这里感受着鱼市的快乐。

是的,工作的性质和环境我们可能没有办法改变,但是,积极阳光的心态可以让单调乏味的工作丰富多彩,其乐无穷。

(本资料由编者根据相关资料改写)

五、做服务,就是要负起责任来

客运服务人员在为服务对象提供服务时,应保持一种负责任的态度。坚持服务到底的原则,要谨记以下几方面。

1. 首问负责:把关爱进行到底

旅客无论是在车站,还是列车上,只要有疑问,随时都可以求助于身边的车站或列车上的客运服务人员。无论问到谁,谁就必须负责解答旅客的疑问,直到旅客满意为止,这就叫"首问负责"。正确解答旅客的问询并解决旅客困难,是客运服务人员义不容辞的责任。

当旅客来到你面前,你就要把注意力集中到旅客身上,应面带微笑地正视他,让他感到你的友好、亲切的态度。之后你再彬彬有礼地问上一句:"您需要帮助吗?"这样,很快就会消除旅客的焦虑和不安,稳定他的情绪,你们之间就会在融洽的气氛中交流。

在服务工作中,面对旅客的疑问,爱答不理地说一声:"到问询处去。"或者干脆说不知道,再或者随意地敷衍,都是客运服务人员应避免的。

2. 百问不烦:"读"你千遍不厌烦

在客运服务工作中,旅客在每个问题的背后、每个电话的另一端,都有一颗焦躁、困惑的心。客运服务人员每回答一个问题、接通一个电话,都会带给旅客莫大的安慰。人性的善良,在一问一答之间,得到了最充分地发挥和体现。

在回答旅客问询时,客运服务人员应始终保持轻松愉快的心情。同时,还应该以坐看"水滴穿石"的耐心,百问不烦,百问不厌。当然,要做到这些,客运服务人员一定要有深深的爱心和责任心作为支撑。

回答问询要一视同仁。在客运服务人员的服务中,人为地把旅客分为"三六九等",以貌取人,以财取人,这是服务的"大忌"。对待高贵的旅客就语言谦卑、热情有余;对待一般的旅客则冷眼相待、出言不逊，这些都是不对的。客运服务人员应坚持不卑不亢、一视同仁，用自己的热情、真诚来赢得每位旅客的信任。

回答问题不要烦。有调查初步做了统计，一位优秀的客运服务人员，一分钟有十一位旅客上来问话，其中七个问题是同一个问题。我们也常会遇到类似的情况，这时不能急躁，别怕麻烦，别怕多说话。要知道，你的每次回答都是对旅客爱的付出，爱是不怕重复的。

3. 不要对旅客说"这不是我的错"

在与旅客交往的过程中，如果能够做到不对旅客说"这不是我的错"，就掌握了一个让旅客获得较高满意度的技巧。

不管出现什么情况，也不管是否是你的过错，只要是有可能会让旅客不高兴的情况，你都绝不能以一句"这不是我的错"来推卸责任。你要展现出一个客运服务人员负责任的态度和诚恳的服务精神。

【阅读资料2-6】

一位顾客在某大型超市购买了一瓶酒，结账的时候，递给服务员一张购物卡。服务员打电话核实这张卡时，发卡单位的电话占线，过了好几分钟才接通。得到证实后，服务员办理了结算手续。还给客户购物卡时，她取出一枚薄荷口香糖放入食品袋中，诚恳地对顾客说："非常抱歉，耽误了您的时间，希望今后再也不会发生这样的事。我们非常看重您的惠顾，欢迎您下次光临！"

事后，这位顾客感到非常高兴，并给这家大型超市的管理层写信，希望能够嘉奖这位优秀的员工，他感慨地说："他赢得了我终生的信任，我非常喜欢你们这家超市。"

（本资料由编者根据相关资料改写）

发购物卡单位的电话占线并非超市的服务员应该承担的责任，但他却把这个责任承担起来，还主动向顾客道歉。虽只是一枚口香糖，但却给顾客留下了真诚尽责的好印象。

遇到类似的情况时，服务意识不强的人会怎样做呢？

有的人会想：这不是我的错。有的人根本意识不到自己让顾客等了太久的时间，而且还将它视为正常现象，不会有任何表示。有的人会因为等电话太久而感到烦恼，潜意识中认为这是顾客给自己造成的不便，因而心生不悦。他们会想：不过是买一瓶酒而已，为什么不用微信、支付宝或者现金付账而要用购物卡呢？毫无疑问，按上述几种方式处理问题的人，还不具备一名优秀的服务人员应有的负责任的态度。

作为客运服务人员，应该意识到，让旅客高兴而来、满意而去，是自己义不容辞的责任。旅客遇到的任何不便，客运服务人员都有义务帮助他们处理，安抚他们的情绪，绝不可抱有"事不关己，高高挂起"的思想。

【单元微课2-2】铁路客运服务人员服务态度

本单元微课请扫描二维码4。

二维码4
铁路客运服务人员服务态度

【实训任务 2-3】感悟"服务态度决定服务的结果"

1. 任务目的
通过情景练习,培养学生良好的服务态度,理解服务态度决定服务质量,并且让学生明白,作为客运服务人员,一定要从旅客的角度去看待问题,做到让旅客满意。

2. 任务内容
有一位老奶奶带着小孙子乘坐火车,小孙子的身高已超过了购买儿童票的标准,这位奶奶不愿意给孩子补票,请扮演客运服务人员的学生通过耐心劝导,让这位奶奶给孩子补票。

3. 任务步骤
(1) 由两位学生进行此练习,一位学生扮演旅客,一位学生扮演客运服务人员,练习时间3分钟。
(2) 两位学生做完练习之后,其余学生进行讨论:在此情景表演中,扮演客运服务人员的学生与这位奶奶交往中的得与失。
(3) 最后,教师针对学生的练习进行点评。

4. 任务总结
服务的态度决定着服务的行为,服务的行为决定着服务的结果。客运服务人员能否按照服务礼仪规范的要求约束自己的行为,提供令人满意的服务,有没有一个正确的服务态度是首要的前提。拥有正确的服务态度,可以促使客运服务人员以积极、主动、热情的服务方式赢得顾客。客运服务人员要做好本职工作,在服务态度上必须对自己有一定的规范化要求。

复习思考题

一、填空题

1. 服务人员的个人修养主要包括:_____、_____、_____、_____、_____、_____。
2. 服务人员的心理素质主要包括:_____、_____、_____、_____。
3. 服务人员的专业素质主要包括:_____、_____、_____。
4. 服务人员的综合素质主要是:_____、_____、_____。
5. 服务人员应具备的服务意识主要包括:_____、_____、_____。
6. 服务意识的培养途径主要包括:_____、_____、_____。

二、选择题（根据每小题后面给出的答案，选择一个或几个正确答案，把选项填在每小题后面的括号中）

1. 同理心的意思是（　　）。
   A. 换位思考，站在对方的角度去思考问题
   B. 同情心
   C. 相同心
   D. 同情理解心

2. 在服务过程中，旅客的潜在需求主要是（　　）。
   A. 被关心　　　　　　　　　　B. 被倾听
   C. 服务人员专业化　　　　　　D. 迅速反映

3. 服务态度归根结底是（　　）。
   A. 做人的问题，做人正确了，他的服务行为一定是正确的
   B. 业务素质的问题
   C. 心理素质的问题
   D. 人际交往能力的问题

4. 服务意识和服务能力的区别是（　　）。
   A. 服务意识是积极工作，服务能力是解决问题
   B. 服务意识是愿不愿意做好的问题，服务能力是能不能做好的问题
   C. 服务意识是业务素质问题，服务能力是工作方法问题
   D. 服务意识是业务素质问题，服务能力是工作效率问题

5. 服务意识是（　　）。
   A. 以别人为中心的意识
   B. 一种乐于为别人提供帮助的意愿
   C. 是客运服务人员极为重要的理念
   D. 是客运服务人员业务水平的体现

6. 为了能够及时准确地识别旅客的潜在需求，这就需要客运服务人员（　　）。
   A. 主动关注旅客，察言观色
   B. 通过主动与旅客沟通来发掘旅客的潜在需求
   C. 提高自己的专业能力
   D. 提高自己的语言能力

7. 服务意识培养的主要途径是（　　）。
   A. 注重仁爱之心的养成　　　　B. 注重职业素养的提升
   C. 注重礼仪修养的培养　　　　D. 注重对服务理念的感悟

8. 保持热情的方法有很多，以下几种是必需的（　　）。
   A. 凡事感恩　　　　　　　　　B. 拥有健康的体魄
   C. 培养诚挚热情的性格　　　　D. 培养良好的沟通能力

9. 服务人员的应变能力主要表现在（　　）。
　　A. 敏锐的洞察能力　　　　　　B. 敏捷的反应能力
　　C. 准确的判断能力　　　　　　D. 良好的专业技术

三、判断题（下面的语句表述是否正确，请在每句话后面的括号中填写"正确"或"错误"）

1. 没有尊重，服务就不存在；没有热情，服务就不存在。　　　　　　　　（　　）
2. 同理心，就是换位思考，就是站在旅客的角度去思考问题，它是做好服务的重要的法宝之一。　　　　　　　　　　　　　　　　　　　　　　　　　　　　　　　（　　）
3. 同理心是一个人仁爱之心的体现，是做人的一种境界。　　　　　　　　（　　）
4. 服务意识是一种乐于为别人提供帮助的意愿，是主动满足旅客潜在需求的服务能力，它发自服务人员的内心。　　　　　　　　　　　　　　　　　　　　　　　　（　　）
5. 服务意识和服务能力的区别就在于，服务意识是愿不愿意做好的问题，而服务能力则是能不能做好的问题。　　　　　　　　　　　　　　　　　　　　　　　　（　　）
6. 服务意识不是工作态度，而是一种技能。　　　　　　　　　　　　　　（　　）
7. 服务人员娴熟的业务知识及工作经验是解决旅客问题的必备武器。　　　（　　）
8. 在服务过程中，服务人员的心情好，事情往往顺利，事情顺利，心情就会好，这是良性循环。　　　　　　　　　　　　　　　　　　　　　　　　　　　　　　　（　　）
9. 旅客无论是在车站，还是列车上，只要有疑问，随时都可以求助于身边的车站或列车上的客运服务人员。无论问到谁，谁就必须负责解答旅客的疑问，直到旅客满意为止，这就叫"首问负责"。　　　　　　　　　　　　　　　　　　　　　　　　　　　　（　　）

四、简答题

1. 铁路客运服务人员应具备的专业素质包括哪些内容？
2. 铁路客运服务人员应具备的服务意识有哪些？
3. 铁路客运服务人员服务意识培养的方法有哪些？
4. 创造一种快乐的服务环境，让旅客在快乐中接受你的服务，是每一位客运服务人员都应为之努力的，具体需要做到哪些内容？

五、论述题

1. 如何理解"服务意识决定服务的品质"？
2. 为什么说"做服务，先让自己充满爱心"？

模块 3

服务礼仪的原则

学习目标

1. 掌握角色定位理论的内容，明确客运服务人员在服务中的角色、地位以及作用。
2. 正确理解"敬人三A"原则的内涵，掌握"敬人三A"原则的具体规定和要求。
3. 掌握首轮效应理论的基本内容，并能够说出其在服务工作中的重要性。
4. 掌握亲和效应的主要理论观点，理解亲和力对客运服务人员的重要性。
5. 掌握末轮效应理论的内容，学习应用末轮效应理论时所需关注的问题。
6. 掌握零度干扰理论的内容及其注意事项。

内容概要

服务礼仪的基本原则是运用服务礼仪的一般规律，是对服务礼仪及其运用过程的高度概括与抽象。服务礼仪的基本原则是客运服务人员做好服务工作的指向标。客运服务人员只有对服务礼仪中的这些基本原则有比较详尽的了解，才能将它们自觉地运用到服务实践中去。掌握服务礼仪的基本原则，有助于客运服务人员更好地理解服务工作的内涵，有助于客运服务人员系统地学习服务礼仪的相关内容。

建议课时

6课时

单元 3.1 角色定位

一 角色定位理论的含义

角色定位理论是指客运服务人员在服务中必须准确确定好自己与服务对象分别扮演何种角色。只有这样，客运服务人员提供的服务才能够符合服务对象的要求，才能够获得服务对象的肯定。角色定位理论是服务礼仪的基本理论之一。

二、角色定位理论的内容

1. 确定角色

角色定位理论认为，每一个人在日常生活中都扮演着一定的角色。而在不同的场合，人们往往需要扮演不同的角色。每一个角色都有特殊的定位要求：责任、权利、义务。服务礼仪中所说的角色是社会角色，不是生活角色，有特定的常规要求、限制和看法。那么客运服务人员应如何把握好角色转换呢？

第一种角色：以服务对象为导向的全方位助理。这种角色的特点为：

（1）服务的提供者。
（2）旅客的参谋。
（3）难题的解决者。
（4）服务对象需要的满足者。

第二种角色：企业的形象代言人。企业形象是由无数精彩的细节构成的卓越整体，服务人员优质的服务就是最能体现企业形象的一个重要组成部分。从消费者角度来讲，对企业的支持有三个步骤：认知、情感、行为。消费者不可能和企业面对面接触，更多的是通过企业的各种经营方式和服务方式，特别是从一线服务人员那里获得信息。所以服务人员是企业形象的代言人。

2. 设计形象

角色定位理论认为，任何一个人要想在社会上取得成功，都有必要首先为自己进行正确的角色定位，然后再按照社会舆论对于自己所要扮演的既定角色的常规要求、限制和看法，对自己进行适当的自我形象设计。

一名服务人员在自己的工作岗位上为他人提供服务时，能够正确扮演自己此时此刻的具体角色是非常必要的。假如一名服务人员在工作时打扮得花里胡哨、油头粉面、珠光宝气、环佩叮当，不但不像是在工作，而且还会使服务对象心里产生反感。

服务人员在为自己设计工作中的形象时必须清楚地知道，自己应当将角色定位于"服务于人"的角色，即自己在工作岗位上所要扮演的角色是要为人民服务、为社会服务。

将自己正确定位于"服务于人"的角色之后，服务人员在为自己进行相应的形象设计时，就必须恪守本分，以朴素大方、端庄美观为第一要旨。在工作岗位上，服务人员的一切所作所为，包括仪容、仪态、服饰、语言乃至待人接物等，均不得与之背道而驰。服务人员设计形象的具体内容为：

端庄美观，朴素大方；谦虚诚实，宽容为美。
热情友好，微笑得体；活力激情，干练专业。
举止有度，应答有礼；明眸皓齿，顾盼生辉。

【单元微课 3-1】角色定位理论的内涵、理论观点

本单元微课请扫描二维码5。

【实训任务3-1】定位自己的社会角色

1. 任务目标
如何准确定位自己的社会角色。

2. 任务内容
小张是某高铁车站的客运服务人员,为了显示自己家境富裕,她天天佩戴着大钻戒和钻石项链。在服务中她也时不时闹"公主病"。有旅客询问:"软席候车室在什么地方?"小张总是不屑一顾地说:"就在前面,看不见吗?"这种事情时有发生,屡屡遭到旅客投诉。请运用角色定位理论分析小张身上存在的问题。

3. 任务实施
请问作为一名客运服务人员,在工作中的形象应是怎样的?你如何看待个性喜好与服务形象之间的关系?

具体步骤:

(1)请几位学生自述作为一名客运服务人员的形象要求,或者请几位学生做示范,演示正确的形象以及错误的形象给其余的学生以直观的感受,并牢记正确形象的重要性。

(2)请一位穿便装的学生和一位穿制服的学生分别扮演客运服务人员,再找一名学生扮演旅客,让扮演旅客的学生描述一下不同形象所感受到的服务质量上的差异。

(3)教师可以准备一台照相机为每名学生拍照,然后用幻灯片将所有学生的照片一一展示给大家看,逐一分析每名学生在形象上存在的不足并加以改进。

4. 任务总结
作为一名客运服务人员,在服务工作中不仅要准确地确定好自己的角色,还要确定好服务对象的角色。只有明白服务双方彼此的角色,同时设计和塑造好自己的服务形象,才能真正为服务对象提供良好的服务。

单元3.2 敬人三A

一、"敬人三A"理论的含义

根据服务礼仪的规范,服务人员欲向服务对象表达自己的尊敬之意时,必须善于抓住以下三个重点环节,即接受对方、重视对方、赞美对方。由于在英语里,"接受""重视""赞美"这三个词汇都以字母"A"开头,所以它们又被称作"敬人三A"。

在服务礼仪中,"敬人三A"原则主要讲的是有关服务人员向服务对象表达敬重之意的一般规律,它告诫全体服务人员,欲向服务对象表达自己的敬意,并且能够让对方真正地接受自己的敬意,关键是要在向对方提供服务时,以自己的实际行动去接受对方、重视对方、赞美对方。

"敬人三A"理论的具体内容

1. 接受服务对象

所谓的接受服务对象,首先强调的是一种亲和友善的态度,在服务中更多地体现为尊重服务对象的选择,不可居高临下,令服务对象尴尬,而且还应该积极、热情、主动地接近对方,淡化彼此之间的戒备、抵触和对立的情绪,恰到好处地向对方表示亲近友好之意,将服务对象当作自己人来看待。接受服务对象具体表现在以下三个方面:

(1)表情。所谓表情,指的是人通过面部形态的变化来表达内心的思想感情。客运服务人员在工作中特别要注意的是自己的表情神态,因为,在服务对象看来,客运服务人员的表情代表了他对待服务对象的态度,以及对对方的接受与否。

(2)举止。举止又称体态语,是一种无声的"语言",它真实地反映了一个人的素质、受教育的程度及能够被人信任的程度。在服务过程中,客运服务人员举止规范得体、端庄文雅、落落大方,不仅能够给人以深刻良好的印象,更传递出客运服务人员对服务对象的友好情感与尊重。在服务过程中,客运服务人员通过举止表达对服务对象的接受,需要注意三个问题:

第一,举止要文明。要求客运服务人员举止自然大方,并且高雅脱俗,借以体现出自己良好的文化教养。

第二,举止要优雅。要求客运服务人员举止规范美观、得体适度、风度翩翩、赏心悦目。

第三,举止要敬人。要求客运服务人员的举止要表现出自尊与敬人之意。要真正做好这一点,就必须认真克服自己在仪态方面的不良习惯。

(3)说话。语言表达是传递感情的重要工具之一,人与人之间的联系、交流主要借助语言这一工具才能实现。客运服务工作就是和人打交道,在服务过程中,客运服务人员通过说话表达对服务对象的尊敬与接受,应当注意以下四个方面的问题:

第一,要使用规范的普通话。在服务场所,客运服务人员使用普通话与服务对象交流,显得很正规,也能更好地与对方进行交流。

第二,自觉使用礼貌用语。在服务岗位上,准确而恰当地运用礼貌用语,是对客运服务人员的一项基本要求,同时,也是做好本职工作的基本前提之一。

第三,注意说话的语气。在服务过程中,语气往往被人们视为具有某种言外之意,因为它流露出说话者一定的感情色彩。客运服务人员在工作岗位上与服务对象口头交谈时,一定要在语气上表现出热情、亲切、友好、和蔼和耐心。

第四,注意说话的方式。一句话,两样说,效果肯定不一样,注重说话的方式,可以维护对方的自尊心。

2. 重视服务对象

重视服务对象最重要的是要做到欣赏对方，寻找对方的兴趣点。具体而言服务人员要做到有问必答、有求必应、百问不厌、千问不倒，想对方之所想，急对方之所急，认真满足对方的要求，努力为其提供良好服务。以下三点是服务人员需要认真学习和运用的：

（1）牢记服务对象姓名。对于每一个人来说，姓名都是自己百听不厌、百看不烦的最美妙的词汇。在服务过程中，记住并呼出服务对象的姓名，就意味着对对方的重视。人际交往中，要使对方对你有一见如故的感觉，最好的办法就是称呼他人的名字。美国交际家卡耐基说："在交际中最简单、最明显、最重要、最能得到好感的方法，就是记住人家的名字，使他有受到重视的感觉。"

（2）善用服务对象的尊称。称谓是人际交往的信号和桥梁，也是表情达意的重要手段。在服务过程中，服务人员选择适当的称谓，既反映了自身的教养，又体现了对他人的重视程度。

（3）聆听服务对象的要求。耐心聆听服务对象的要求，就会使对方在一定程度上感到满足。

所谓聆听，就是指在他人阐述见解时专心致志地认真听取。聆听是主动的，是用心去接受，是一种情感活动；聆听是在意对方，重视对方。聆听他人讲话是一种修养。优质的服务应该是良好聆听的服务。成为一个善听者，应做到以下几点：

① 注视讲话者，集中注意力。

② 积极的反馈：或频频点头，或发出会意的微笑，不时地以"嗯""啊""好的"等语气词回应。

③ 眼睛要发亮，脸面上充满着迎合和赞许。

聆听旅客讲话时，客运服务人员作为听者，应避免以下行为方式：

① 目光不在对方身上，左顾右盼。

② 不断地打断别人的讲话。

③ 心不在焉，手中在做其他的事。

④ 消极、懒散、松懈的身体语言。

3. 赞美服务对象

喜欢被称赞是人的天性。赞美服务对象，具体而言，主要是要求服务人员在向服务对象提供服务的过程中，要善于发现对方的优点，并及时地表示欣赏、肯定、赞美与钦佩。服务人员若能在服务中恰到好处地赞美服务对象，会使被赞美者得到自我价值的肯定，产生自己人效应。心理学家证实，心理上的亲和是接受别人意见的开始，也是态度转变的开始。也就是说，赞美服务对象最大的好处是可以争取到服务对象的合作，同时有利于双方在友好和睦的氛围中完成整个服务过程。服务人员在赞美服务对象时注意要适可而止、实事求是、恰如其分。

【单元微课 3-2】敬人三 A 理论的内涵、理论观点

本单元微课请扫描二维码6。

二维码6
敬人三A理论的内涵、理论观点

【实训任务3-2】 掌握"敬人三A"原则

1. 任务目的

在服务过程中，如何做到接受、重视、赞美服务对象。

2. 任务内容

模拟高铁列车上，客运服务人员在巡视时，发现一位旅客的大件行李放在了行李架上，按规定，也为了旅客的安全，客运服务人员劝其把行李放在大件行李储存处，这位旅客不予配合，你作为一名客运服务人员如何与其进行沟通？

3. 任务实施

（1）在教室模拟高铁列车车厢的情景。

（2）找两名学生，一名学生扮演客运服务人员，一名学生扮演旅客。

（3）服务情景：一开始旅客不予配合，还说出了自己的很多理由。客运服务人员运用"敬人三A"的理论要求与这位旅客进行交流，最终客运服务人员说服了这位旅客。

（4）情景演示之后，教师进行点评。

4. 任务小结

一名优秀的客运服务人员，在工作中应学会恰到好处地向旅客传递自己的尊重与敬意。这就需要在工作实践中真正做到接受、重视、赞美服务对象，只要你乐于为他人服务，就一定能够赢得更多的赞誉，收获意想不到的效果。

单元3.3 首轮效应

一 首轮效应理论的含义

首轮效应，也称首因效应，通俗而言就是"第一印象效应"。它所具体讨论的是一个人或一个企业留给他人的客观印象是如何形成的问题。首轮效应的含义是指人们在日常生活中初次接触某人、某事、某物时所产生的即刻印象通常会对该人、该事、该物的认知方面发挥明显的，甚至是举足轻重的作用。

二 首轮效应理论的观点

（一）第一印象

首轮效应理论强调：人们的第一印象至关重要。在多数情况下，第一印象甚至会决定一切，这是首轮效应理论中最重要的观点。

首轮效应的这一观点对整个服务行业的启示至少有两点：

（1）一家服务企业在创建之初，必须认真策划好自己的"初次亮相"，以求先入为主，让公众对自己的良好形象萌生好感、予以认同。

（2）服务行业的全体从业人员在面对顾客时，也应力求使对方对自己产生良好的第一印象。唯有如此，双方才会和睦相处，才能避免摩擦的产生，顾客才会对服务人员所提供的各项服务舒心满意。

（二）心理定势

首轮效应理论的存在有着广泛的影响，对此，心理学家曾多次通过各种实验进行验证。

心理学家将参与实验的人员分成两组，给他们出示同一张照片，对A组人员说："这是一位屡教不改的罪犯。"对B组人员说："这是一位著名的科学家。"然后他们要求参与实验的人员根据照片上的人的外貌特征分析他的性格特征。A组人员说："眼睛深陷，隐含着几分凶狠的杀气，额头高耸，带着几分不知悔改的决心。"B组人员说："目光深沉，可以透视出他的思维深邃。饱满的额头，诠释出他钻研的意志。"

这个实验充分验证了首轮效应的影响，如果第一印象形成了肯定的心理定式，会使人在后续了解中多偏向发掘对方具有美好意义的品质；相反，若第一印象形成的是否定的心理定式，则会使人在后续了解中多偏向于揭露对方令人厌恶的品质。在人们的日常交往中，尤其是与别人的初次交往时，一定要注意给别人留下美好的印象。

第一印象主要是依靠言行举止、面部表情、衣着打扮等，判断一个人的内在素养和个性特征。初次谋面时，一声温馨的问候、一张甜美的笑靥、一身得体的服饰、一个优雅的举动，都能给对方留下美好的第一印象，而且这种良好的印象将会持续保留下去。因此，在服务中服务人员可以充分利用第一印象的效应，将自己最美好的一面展示给服务对象，这样不仅能够使服务工作顺利地开展，而且还能为企业赢得良好的口碑。

（三）制约因素

首轮效应理论认为，人们对于某人、某物、某事所形成的第一印象，主要来自在彼此双方交往、接触之初所获取的某些重要信息，以及据此对对方的基本特征所做出的判断。在这里，那些人们在与某人、某事交往或接触之初所获得的某些重要信息，即为形成第一印象的主要制约因素。

既然第一印象的形成主要取决于某些制约因素，那么想要在日常生活中给他人留下良好的第一印象，就主要有赖于了解那些发挥关键作用的制约因素，并相应地采取一切可能的、有效的措施，促使这些制约因素发挥积极作用。

具体而言，在日常生活中，一个人或一种事物，在各自留给他人的第一印象之中所发挥制约作用的主要因素，通常是各不相同的，以下就来分别对其略做介绍，以供参考。

对于一个人来讲，直接影响到外界对他的第一印象的制约因素，主要有如下五个：

（1）仪容。一个人如果仪容整洁、神采奕奕、相貌端正，往往会给人以好感。但是，他要是脏脏兮兮、晦气满面、外形丑陋的话，自然便难以为他人所欣赏。

（2）仪态。仪态包括人的举止与表情。它犹如人的一种"身体语言"，同样可以向外界传递一个人的思想、情感与态度。在大多数情况下，人们的"身体语言"所传递的信息，较之于口头语言与书面语言，通常会更为真实，更为准确。

（3）服饰。服饰者，人之穿着打扮之物也。在现实生活里，一个人的服饰，不仅仅是其遮羞、御寒、防暑之物，更重要的是，它可以体现出一个人的个人修养、生活阅历和审美品位。

（4）语言。在人际交往中，语言是一种最重要的交际工具。利用语言，除了可以传递信息之外，亦可向交往对象表现出自己对其尊重与否。所以对一个成年人来讲，重要的不是会不会说话，而是如何才能把话说好。

（5）应酬。不论是在工作中，还是在私人交往时，人们都免不了要接触其他人，并且与对方进行一定程度的交际应酬。应酬之时的态度、表现，往往会留给交往对象以极其深刻的印象。

首轮效应理论实质上是一种有关形象塑造的理论。在人际交往中，之所以强调第一印象十分重要，目的就在与要塑造好形象，维护好形象。

服务行业的从业人员都必须明白，不论是自己的个人形象，还是公司的企业形象，都是自己为顾客所提供的服务的有机组成部分之一。

应当意识到：形象是一种服务。个人形象、企业形象被塑造好了，不仅会令顾客感受到应有的尊重，而且还会使之在享受服务时感受到赏心悦目，轻松舒畅。

应当意识到：形象是一种宣传。在服务行业里，个人形象、企业形象被塑造好了，就会使广大消费者有口皆碑、交口称道，并且广为传播，进而为自己吸引来众多的消费者。

应当意识到：形象是一种品牌。人人皆知，在市场经济的条件之下，拥有一种乃至数种知名品牌，往往会为自己带来巨大的好处。在任何一个服务企业里，如果全体员工的个人形象与企业的形象真正为社会所认同，久而久之，就会形成一种同样难能可贵的"形象品牌"。

应当意识到：形象是一种效益。就形象塑造而论，投入与产出肯定是会构成正比的。一家服务企业的员工形象与企业形象被塑造好了，自然使其获得一定的社会效益与经济效益。服务行业的从业人员在学习首轮效应理论时，至关重要的是要注意两个问题：一是要真正地认识到人际交往中留给他人良好的第一印象的极端重要性；二是要充分注意到在人际交往中如欲留给他人良好的第一印象，需要从哪些具体的细节问题上着手。

【单元微课 3-3】首轮效应理论的内涵、理论观点

本单元微课请扫描二维码7。

【实训任务 3-3】职场形象的塑造

1. 任务目的

重视塑造良好第一印象的意义。

2. 任务内容

看图《如此面试》（图3-1），然后进行分析。

图 3-1　如此面试

3. 任务实施

情境：学习旅客乘务专业的小张大学毕业后参加某车站客运服务人员的招聘面试。面试前一天晚上她还抱着手机追剧到凌晨三点钟，第二天起床后小张草草地洗了脸刷了牙，没顾上盘发，随便穿了一身休闲服和一双蓝色运动鞋就去面试了。她心急火燎、满头大汗地赶到车站，最后还是迟到了 10 分钟。请用首轮效应理论加以分析，具体步骤：

（1）请若干学生对图 3-1 中参加面试的小张进行点评，并说出在面试中应如何塑造良好的形象。

（2）请若干学生分别扮演面试者参加面试，要求提前做好准备；再找几位学生扮演招聘人员，并设计一些问题，与面试者进行交流。要求面试者把好的一面表现出来。

（3）教师对情景演示进行点评。

4. 任务小结

一名优秀的客运服务人员应该意识到首轮效应的重要意义，重视自己留给服务对象的第一印象是服务的有机组成部分。与此同时，我们应该充分注意到，在服务工作中要想给服务对象留下完美的第一印象需要从哪些细节入手。

单元 3.4　亲 和 效 应

 亲和效应理论的内涵

在人们的日常交往和认知过程之中，每个人都具有一定的心理定势。心理定势在有些情况下叫作心向。它是指一个人在一定的时间内所形成的一种具有一定倾向性的心理趋势。即一个人在其过去已有经验的影响之下，心理上通常会处于一种准备的状态，从而对其认识问题、解决问题带有一定的倾向性与专注性。

一般说来，在人际交往和认知过程里，人们的心理定势大体上可以分为肯定与否定两种形式。肯定式的心理定势，主要表现为对于交往对象产生好感和积极意义上的评价。否定式的心理定势，则主要表现为对于交往对象产生反感和消极意义上的评价。

人们在人际交往和认知过程中，往往存在一种倾向，即对于自己较为亲近的对象，俗称"自己人"。所谓"自己人"，大体上是指那些与自己存在着某些共同之处的人。这种共同之处，可以是血缘、姻缘、地缘、学缘、业缘关系，可以是志向、兴趣、爱好、利益，也可以是彼此共处于同一团体或同一组织。在现实生活里，人们往往更喜欢把那些与自己志向相同、利益一致，或者同属于某一团体、组织的人，视为"自己人"。

在"自己人"之间的交往中，对交往对象属于"自己人"的这一认识本身，大都会让人们形成肯定式的心理定势，从而对对方表现得更为亲切和友好，并且在此特定的情境之中，更加容易发现和确认对方值得自己肯定和引起自己好感的事情。所有这一切，反过来又会进一步巩固并深化自己对对方的已有的积极性评价。在这一心理定势的作用下，"自己人"之间的相互交往与认知必然在其深度、广度、动机、效果上，都会超过非"自己人"之间的交往与认知。由此可见，人们在与"自己人"的交往、认知中，肯定式的心理定势发挥着一定的作用。

上述情况给服务人员最重要的启示是：为了更好地、恰如其分地向服务对象提供良好的服务，为了使自己的热情服务获得服务对象的正面评价，服务人员有必要在服务过程中积极创造条件，努力形成双方的共同点，从而使双方都处于"自己人"的情境之中。

所谓亲和效应，就是对以上情况所进行的一种概括。它的主要含义是：人们在交际应酬里往往会因为彼此之间存在着某些共同之处或近似之处，从而感到相互之间更加容易接近。而这种互相接近，则通常又会使交往之间萌生亲切感，并且更加相互接近，相互体谅。交往对象由接近而亲密，由亲密而进一步接近的这种相互作用，有时被人们称为亲和力。

二、亲和效应的理论观点

亲和效应理论，是服务礼仪的基础理论之一。对于广大服务人员而言，学习和掌握这一理论，主要是要抓住以下三个理论观点。

1. 近似性

亲和效应是以交往对象之间存在着某些共同之处或近似之处为基础的。也就是说，交往对象之间的共同之处或近似之处越多，彼此之间就会感觉越亲近，认同感就会越强烈。

在其他条件大体相同的情况下，所谓"自己人"之间的交往效果往往会更为明显，其相互之间的影响通常也会更大。

2. 间隔性

随着服务人员与服务对象之间的进一步接触、了解，双方才能发现彼此之间存在着某些共同之处或近似之处。换句话说，在双方见面的一刹那的时间里是不大可能发现彼此之间的共同之处或近似之处的。而发现彼此之间的共同之处或近似之处是需要一段时间的。亲和效应把这一特征称为间隔性。

3. 亲和力

亲和效应逐渐形成后，往往会在交往对象之间产生一种无形的凝聚力和向心力。这种力量既可以促使交往对象之间进一步相互理解、相互接受，而且还可以促使交往对象之间进一步相互支持、相互帮助，并且还有可能同甘共苦、风雨同舟。这种巨大的作用就是亲和力。服务人员与服务对象之间形成亲和力，在服务工作中是非常必要的。要做到这一点，服务人员必须做到：待人如己、出自真心、不图回报。

【单元微课3-4】亲和效应理论的内涵、理论观点

本单元微课请扫描二维码8。

【实训任务3-4】体会亲和效应理论在服务中的运用

1. 任务目的

训练亲和力必备的三要素：微笑、眼神、声音语态。

2. 任务内容

情境：客运服务人员在站台上与一位抱小孩的旅客进行交流，客运服务人员如何做才能表现出"待旅客如亲人"的服务理念呢？

3. 任务实施

（1）让两位学生分别扮演客运服务人员和旅客，客运服务人员在与旅客交流时，要表现出亲和力。

（2）情景演示之后，学生进行点评。

（3）最后由教师对情景剧表演进行归纳和总结。

4. 任务小结

亲和力是客运服务人员必须具备的职业能力，正确运用亲和效应理论可以使自己具有一种吸引人的"魔力"，能让服务对象感觉你很友好亲切。这是一种不受职位、权威等约束而真挚流露出的一种情感力量。

单元3.5 末轮效应

一、末轮效应理论的含义

中国人在为人处事方面，有一句人人皆知的至理名言："善始善终。"在服务行业里，服务人员在为服务对象提供服务的过程中，同样有必要关注这一问题。令人感到遗憾的是，

个别服务人员，在服务的善始善终问题上，往往会出现一些疏漏，甚至由此而因小失大。

末轮效应理论，是服务礼仪的一种重要的基础理论。末轮效应理论的主要内容是：在人际交往中，人们所留给交往对象的最后的印象，通常也是非常重要的。在许多情况下，它往往是一个企业或个人所留给交往对象的整体印象的组成部分。有时它甚至直接决定着该企业或个人的整体形象是否完美，以及完美的整体形象能否继续得以维持。

末轮效应理论的核心思想是：一个企业或一个人在有意识地塑造自己良好的整体形象时，假定有始无终，便往往有可能前功尽弃，徒劳无益。所以，它特别主张在人际交往的最后环节，争取给自己的交往对象留下一个尽可能完美的印象。

应用末轮效应理论时需关注的问题

1. 抓好最后环节

既然服务人员所提供的服务留给服务对象的最后印象在整个服务工作中举足轻重，那么我们必须抓好处于收尾阶段的最后一个环节。

（1）对服务企业的要求。对服务企业而言，要抓好服务过程的最后环节，主要应从"硬件"方面着手。处于服务过程最后环节的设备、设施，还有一切服务对象有可能接触的用具、物品等，要力臻完美，切勿以次充好。

（2）对服务人员的要求。对客运服务人员而言，要做好服务过程的最后环节，主要是应该使自己始终如一地在服务对象面前，保持"全心全意为人民服务"的高度热情，秉承"旅客至上、用心服务"的理念。在服务的整个过程中，客运服务人员不仅要做到微笑服务，更重要的是用心服务。用心服务是融入了感情、倾注了心血的，并且具有极大的感染力和生命力。

特别需要注意的是在最后环节，客运服务人员所提供的热情服务，应当是绝对公平、一视同仁的。

2. 做好后续服务

后续服务又叫售后服务，指服务人员为服务对象所提供的直接服务之后，服务企业和服务人员有责任和义务，主动或应邀为服务对象提供的连带性、补充性服务。

后续服务显然是完善服务的一项重要内容。对广大消费者而言，后续服务完善与否，往往影响着这家服务企业或服务人员在他们心中留下的最终印象。

服务行业为服务对象提供的后续服务应包括以下八项内容：

（1）允许退货。在指定期限内，如果服务对象对已购买的商品不甚合意，一般允许对方前来退货。若对方所退之物完好无损，应向其全额退款。

（2）准予更换。倘若服务对象对自己所购买的商品、服务要求更换，而且要求合情合理，则应当为其提供方便。

（3）服务热线。服务热线应当准确无误地向全社会公布，其线路也必须确保畅通无阻。

（4）安装检修。对某些类型的贵重商品，服务企业应负责为服务对象送货上门，并负责安装调试。另外，还应定期有专人负责上门检修。

（5）保质保修。根据国家有关规定，在一定的期限内，服务对象正式购买的商品、服务，应由服务企业为之保证质量。一旦在质量方面出现问题，服务单位不得推诿，应主动负责检修，或予以更换、赔偿。

（6）咨询指导。服务企业有义务为服务对象提供相关的技术指导，答复服务对象的有关疑问。

（7）服务上门。服务企业应定期或不定期地进行走访，或者为某些有着特殊需求的服务对象送货到家、送货上门。

（8）接待投诉。服务对象对于服务人员的服务或是服务企业所经营的服务内容产生不满而登门来访时，服务人员应虚心接待，并对其批评指责做到"有则改之，无则加勉"。

在服务过程之中，得体而周全地运用末轮效应的理论，对于服务行业至少存在三大好处。

其一，有助于服务企业与服务人员始终如一地在服务对象面前维护自己的完美形象。

其二，有助于服务企业与服务人员为服务对象热情服务的善意真正获得对方的认可，并且被对方愉快地接受。

其三，有助于服务企业与服务人员在服务过程中克服短期行为与短视眼光，从而赢得服务对象的心，并因此逐渐提高企业的社会效益与经济效益。

3. 着眼两个效益

在服务工作中，倡导服务人员热情为服务对象进行服务，从根本上是为了实现服务企业的社会效益和经济效益的双丰收。企业不追求经济效益是不现实的，但一味地、片面地追求经济效益是不可取的。有的服务人员一见到有顾客来了，要多热情有多热情，百依百顺、处处讨好，有时甚至不惜卑躬屈膝、委曲求全，但一旦发觉徒劳无功便立即原形毕露，甚至是大放厥词、冷嘲热讽。这种表现无论从礼貌待客还是从引导消费的角度上讲，都是有害的，应当避免。企业只有勇于承担社会责任，才能获得更多的社会效益，最终实现社会效益和经济效益的双丰收。当然这其中更需要每名服务人员热情服务、用心服务，才能使企业以及整个行业获得更强劲的生命力。

【单元微课3-5】末轮效应理论的内涵、理论观点

本单元微课请扫描二维码9。

【实训任务3-5】理解末轮效应理论在服务过程中的重要性

1. 任务目的

在客运服务工作中，主动运用末轮效应理论提升服务的品质。

2. 任务内容

在某节卧铺车厢上，一名旅客突然胃痛发作，该车厢列车员得知后，迅速把情况报告给列车长，列车长通过广播找来了随车旅行的医生，经过医生的治疗，旅客的病情得到了缓解，之后，该车厢列车员对这位旅客悉心照料。请理解末轮效应理论的内涵，在该旅客下车时，列车员应当如何做。

3. 任务实施

（1）结合末轮效应理论，组织学生进行讨论：胃痛的旅客下车时，列车员应当如

何做？

（2）找若干学生，两两一组，一人扮演胃痛的旅客，一人扮演列车员，按照上面设计的情景进行演示。

（3）教师对每一组的演示进行点评。

4. 任务小结

客运服务人员要想塑造自己完美的形象，除了把握首轮效应是不够的，还应有始有终、善始善终。得体而周全地运用末轮效应理论有助于客运服务人员获得服务对象的认可，赢得服务对象的心。

单元 3.6 零度干扰

一、零度干扰理论的含义

零度干扰理论，亦称零干扰理论。它是服务礼仪的一种重要的支柱型理论。它的基本主张是：服务行业与服务人员在向服务对象提供具体服务的一系列过程之中，必须主动采取一切行之有效的措施，将对方所受到的一切有形或无形的干扰，尽可能地降到最低或极限，也就是要力争达到干扰为零的程度。

零度干扰理论的主旨，就是要求服务行业与服务人员在服务过程中，为服务对象创造一个宽松、舒畅、安全、自由、随意的环境，使对方在享受服务的整个过程里，尽可能地保持良好的心情，让对方始终能够满意、称心。在进行消费的同时，令对方真正获得精神上的享受。

实践证明，一个社会的文明程度越高，其社会成员对于服务领域内的干扰现象便越是难以容忍。一位服务对象的文化程度越高，在其享受服务的整个过程中便越是不希望受到任何形式的干扰。总体而言，零度干扰理论的核心，就是要使服务对象在服务过程中所受到的干扰越少越好。

二、落实零度干扰理论时的注意事项

（一）环境无干扰

任何一个服务场所的周边环境，或多或少地都会对服务对象构成一定的影响。服务场所的周边环境也是整体服务的有机要素之一。忽略了这一点，便难以使服务内容尽善尽美，难以使服务水准"更上一层楼"。为服务对象创造无干扰的周边环境，要从五个方面入手，即讲究卫生、重视陈设、限制噪声、关注气象、兼顾光线与色调。

1. 讲究卫生

环境卫生直接与服务单位的档次、服务水平的高低相挂钩。如果环境卫生搞不好势必会在服务对象心中平添抵触和反感情绪。因此,服务现场要做到无异物、无异味。

2. 重视陈设

陈设装潢既要文明、美观,又要安全、实用。如果说房门动辄磕碰人、电梯夹人、地面积水或是光滑到使人心存跌跤之忧,恐怕备受干扰的服务对象就会望而却步了。

3. 限制噪声

作为一名服务人员,在服务中务必避免出现以下六种噪声:

(1)服务人员进行推销时的大声喊喝。
(2)反复播放的广告。
(3)服务人员私自进行的聊天。
(4)服务人员行动所造成的声响。
(5)服务过程中不应产生的物体碰撞之声。
(6)尖锐刺耳或过度无聊的背景音乐。

4. 关注气象

首先,要关注服务场所的温度。人们感觉最为舒适的温度是人正常体温的"黄金分割点",即22.5℃。其次,要关注服务场所的湿度。最适宜的相对湿度是50%,如果湿度过高会令人感觉又潮又闷,相反,如果湿度过低会令人又干又燥。

5. 兼顾光线与色调

(1)光线不应过强或过暗。人造光源不应直接照射服务对象,不宜采用彩灯或闪烁的灯光。
(2)服务现场的背景色调宜选用单色、纯色,尽量不要选用杂色、艳色。

(二)距离无干扰

我们多多少少都有这样的经历:当自己高高兴兴地进入一家服装店准备挑选衣物时,服务员尾随在你身后,你走到哪儿她跟到哪儿,简直就是一个"贴身护卫",大大挫伤了我们的积极性,产生逆反心理。这表明,服务人员与服务对象之间所保持的人际距离有一定之规,不可掉以轻心。

人际距离,一般指人与人在正常的交往中,彼此之间在空间上形成的间隔。心理学实验证明,人际距离必须适度。人际距离过大,容易使人产生疏远之感;人际距离过小,会使人感到压抑、不适或是被冒犯。对于服务人员而言,在工作岗位上需要与服务对象之间保持的人际距离,大致可以分为以下五种:

(1)服务距离。这是服务人员与服务对象之间所保持的一种最常规的距离。在一般情况下,服务距离大致在0.5米~1.5米。
(2)展示距离。当服务人员需要在服务对象面前进行操作示范时所使用的距离。是服务距离的一种较为特殊的情况,大致应保持在1米~3米之间。
(3)引导距离。服务人员在为服务对象带路时彼此之间保持的距离为引导距离。根据惯例,服务人员在为服务对象引导时,应走在服务对象左前方大约1.5米处较为合适。

（4）待命距离。服务对象尚未传唤服务人员为之提供服务时，服务人员应自觉与服务对象保持一定的距离，只要服务对象视线所及，可以看见服务人员即可，这种距离称为待命距离。在正常情况下，待命距离应在3米之外。

（5）信任距离。服务人员为了表示自己对服务对象的信任，同时也是为了使对方对服务的浏览、斟酌、选择或体验更为专心致志而采用的距离，称为信任距离。服务人员应用此种距离时应注意：第一，不要躲在附近，给人以暗中监视的感觉；第二，不要去而不返，令服务对象需要服务时找不到人。

此外，服务人员还应了解一些关于人际距离当中的禁忌。第一，私人距离。私人距离一般指双方距离小于0.5米。一般情况下，服务人员与服务对象之间的距离不应过近，如果小于0.5米就会使人产生被冒犯的感觉。当然，还有一些特殊情况，比如服务人员在为老、弱、病、残、孕等特殊服务对象服务时，有可能发生肢体上的接触，这是允许的。第二，脱岗距离。当服务对象暂时不需要服务时，服务人员切记不可脱离自己的岗位，而是应做到随传随到。

（三）热情服务无干扰

真正受到服务对象欢迎的热情服务，必须既表现得热烈、周到、体贴、友善，同时又能善解人意，为服务对象提供一定的自由度。热情服务要做到以下几点。

1. 使用规范的语言

服务人员在为服务对象服务时，在语言上要做到征询适当、邀请适当、推介适当。

2. 使用规范的表情

（1）眼神。服务对象在自己面前出现时，下述五种眼神皆在禁止之列：

①盯着对方，似乎担心对方进行偷窃。
②打量对方，似乎对对方满怀好奇之心。
③斜视对方，似乎在对对方挑剔不止，或是瞧不起对方。
④窥探对方，似乎在疑神疑鬼，或者少见多怪。
⑤扫视对方，即对他人的某些部位反复注视，此举极易引起服务对象的反感，尤其是在对方为异性时。

（2）笑容。虽说笑比哭好，但是笑也必须笑的得体，笑的是时候。在服务人员迎送客人，或者为对方直接服务时，适当的微笑才是可以被接受的。服务人员一人躲在服务对象身后暗自发笑，几名服务人员在一起议论、笑话服务对象，服务人员当众莫名其妙地狂笑不止等，均为有碍于服务对象的不合时宜之举。

（3）举止。服务人员应避免以下举止：一是不卫生的举止。当着服务对象的面，进行诸如抹鼻涕、挖鼻孔、掏耳朵之类的卫生清理，或者随意用自己的手以及其他不洁之物接触服务对象所用之物，都属于不卫生的举止。二是不文明的举止。服务人员的某些不文明的举止，例如当众脱鞋、更衣、提裤子、穿袜子，或是有可能使自己"春光外泄"的动作，对服务对象难免会有所影响。三是不敬人的举止。对服务对象指指点点，甚至拍打、触摸、拉扯、追逐、堵截对方，不仅有可能失敬于对方，而且对对方也会形成一定程度的干扰，甚至会令对方心怀不满，毛骨悚然。四是不负责的举止。有些服务人员未经服务对象要求，往往一厢情愿地将自己正在销售的商品或说明书硬塞到对方的手中，吁请对方"看一下""试一下"。实际上，这是一种强加于人的不负责任的表现。

当我们为服务对象营造了零度干扰的服务时,服务对象的心态是放松的、自由的,面对商品时,可以从容地做出选择。与传统的服务方式相比,"零度干扰服务"具有明显的优势,体现出了现代营销理念中的"以人为本",也是对服务对象的一种理解、信任、宽容和尊重。

尽管"零度干扰服务"还没有被业界广泛重视,但是其鲜明的发展趋势却是愈演愈烈,这不是对过去"一团火"式服务的否定,是对服务的提炼和更高的要求,在服务业日新月异发展的今天,只有用心、用新,才能不被时代所淘汰,才能更好更快地发展。

【单元微课3-6】零度干扰理论的内涵、理论观点

本单元微课请扫描二维码10。

【实训任务3-6】体会在服务过程中,人际交往距离的作用

1. 任务目的
掌握常规的人际距离。

2. 任务内容
演绎在不同服务中的人际距离。

3. 任务实施
请设置情境分别表演以下五种距离:
(1) 服务距离。
(2) 展示距离。
(3) 引导距离。
(4) 待命距离。
(5) 信任距离。

4. 任务小结
零度干扰理论为服务礼仪基本理论的一个支柱理论,具有重要的现实意义。虽然有句话是"礼多人不怪",但事实上服务人员过于热情,反而会遭到服务对象的反感。

一、填空题

1. "敬人三A"原则中的"三A"分别指的是_____、_____和_____。

2. 服务人员通过表情传递出对服务对象的接受，应当做到：表现_____、表现_____、表现_____和表现_____。

3. 在服务过程中，服务人员通过举止表达对服务对象的接受，需要注意三个问题：举止要_____，举止要_____，举止要_____。

4. 重视服务对象要做到：_____、_____和_____。

5. 服务人员在赞美服务对象时要注意_____、_____和_____。

6. 对于服务人员而言，在工作岗位上需要与服务对象之间保持的人际距离，大致可以分为五种，即_____、_____、_____、_____和_____。

二、选择题（根据每小题后面给出的答案，选择一个或几个正确答案，把选项填在每小题后面的括号中）

1. 以下哪项不是"你不懂""你真笨"此类最应该禁止的不礼貌用语的原因（　　）。
   A. 从根本上否定了旅客
   B. 否定了旅客的智慧、知识和面子
   C. 旅客享受的服务很大部分就是要面子，给旅客面子就是给旅客礼貌，给旅客最好的服务
   D. 这是拉近双方距离，制造亲密感的最佳用语

2. 在听别人说话的过程中，不妨用"嗯"或"是"加以呼应，表示自己在认真倾听。体现了注意倾听原则的（　　）要求。
   A. 认真倾听　　　　　　　B. 语言合作
   C. 与人抬杠　　　　　　　D. 语言文明

3. 接待旅客时，（　　），避免念白字、错字。
   A. 态度要友好热情　　　　B. 语音要标准
   C. 语调要柔和　　　　　　D. 讲普通话

4. 当旅客遇到问题或困难时，能够自然而及时地向你提出，这有赖于（　　）。
   A. 用亲和的微笑来拉近和旅客间的距离
   B. 生产效能满足人们出行需要
   C. 遇事把握分寸，认真得体
   D. 很容易获得旅客的谅解

5. 铁路客运服务人员每天都要接待成千上万的旅客，旅客对其第一印象的产生首先来自（　　）。
   A. 铁路客运服务人员的仪容仪表
   B. 铁路客运服务人员的服务方式
   C. 铁路客运服务人员的素质
   D. 铁路客运服务人员的学历

6. 第一次交往过程中形成的最初印象，不仅影响旅客的心理活动，而且影响服务交往，有时甚至影响服务工作的顺利进行。这指的是（　　）。
   A. 晕轮效应　　B. 首轮效应　　C. 首要效应　　D. 光圈效应

三、判断题（下面的语句表述是否正确，请在每句话后面的括号中填写"正确"或"错误"）

1. 首因效应指的是因果关系。（　　）
2. "想要旅客怎样对待你，你就怎样去对待旅客"是铁路旅客运输服务的黄金法则。（　　）
3. 当两人相距在1.5米之内时，即为私人距离。（　　）
4. 工作场合，在室内也需要佩戴工作帽，即便需要鞠躬的场合，也要戴帽鞠躬，方能显示对对方的尊重。（　　）
5. 迎送旅客讲究有始有终，善始善终。（　　）
6. 职业道德要求：客运服务人员应维护旅客的合法权益。（　　）

四、简答题

1. 什么是角色定位？
2. 什么是"敬人三A"理论？其主要内容是什么？
3. 什么是首轮效应理论？
4. 什么是亲和效应理论？
5. 什么是末轮效应理论？
6. 什么是零度干扰理论？

五、论述题

1. 作为一名客运服务人员，请为自己设计一下形象。
2. 当遇到旅客投诉时，客运服务人员应该如何正确地倾听？
3. 为什么说"形象是一种服务"？
4. 亲和效应和首轮效应有何不同？

模块 4

客运服务人员仪容仪表礼仪

学习目标

1. 掌握客运服务人员仪容的具体规范。
2. 了解作为一名客运服务人员应具备的仪容修饰的内容。
3. 注重服务仪容礼仪在服务工作中的运用。
4. 明确掌握服务服饰礼仪是对服务对象表达尊重的一种表现形式。
5. 掌握服务服饰的基本原则,并能自觉主动地运用到实践工作中。
6. 掌握制服穿着的礼仪规范与要求。

内容概要

端庄的仪容,得体的服饰,不仅是一个人外在形象的体现,更能反映一个人的素质和修养。客运服务人员的良好个人形象在服务过程中不仅能向旅客传递出积极、美好、愉悦的情绪,而且代表了铁路企业在社会公众中的形象,所以在服务过程中,客运服务人员塑造良好的个人形象十分重要。本模块着重介绍客运服务人员的仪容礼仪、服饰礼仪两个方面的内容。

建议课时

4 课时

单元 4.1 服务仪容礼仪

仪容,通常指的是一个人的容貌。一个人的仪容,大体上受两大要素的影响:本人的先天条件和后天的修饰维护。在服务过程中,客运服务人员的仪容仪表是一个不容忽略的交际因素,良好的仪容仪表,会给旅客留下良好的服务形象。服务礼仪规定:全体服务行业的从业人员在自己的工作岗位上,都必须按照本行业的规定,对自己的仪容进行必要的修饰与维护。客运服务人员在修饰与维护本人的仪容时,应当把重心放在面部修饰、肢体修饰、发部修饰、化妆修饰四个方面。

一、客运服务人员的面部修饰

面部是人体中裸露在外时间最长的部位，也是人际交往中被重点关注之处，面部修饰是仪容礼仪中的重中之重。客运服务人员在自己的工作岗位上服务于旅客时，必须对自己的面部修饰予以高度重视。

修饰面部时，客运服务人员所应当遵守洁净、卫生、自然的规则。

（1）洁净。客运服务人员在当班时，务必要保持面部干净、清爽，无灰尘、无泥垢、无汗渍、无分泌物、无其他一切被人们视为不洁净之物的杂质。客运服务人员要做好这一点，就要养成平时勤于洗脸的良好习惯。客运服务人员在清洗自己的面部时，一定要耐心细致，完全彻底，要特别注重眼角、鼻孔、耳后、脖颈等易于藏污纳垢之处的清洁。

（2）卫生。客运服务人员在进行个人面部修饰时要注意面部卫生，要同时兼顾讲究卫生与保持卫生两个方面。

（3）自然。自然，主要指的是面部既要修饰，又忌讳标新立异。客运服务人员的面部修饰更提倡自然、简练、朴素。

客运服务人员在进行面部修饰时，应特别重视以下几个部位。

（一）眉部的修饰

客运服务人员进行眉部修饰时，应当重点注意三个问题。

1. 眉形的美观

美观的眉形，不仅可以使人看上去更精神，而且还能有效修饰脸型。美观的眉形应当是形态正常而优美，又黑又密的，对于不够美观的眉毛，必要时应对眉毛进行适当的修饰。

2. 眉毛的梳理

客运服务人员上班前在进行面部修饰时，要养成梳理眉毛的习惯，给人以眉清目秀之感，避免其东倒西歪、参差不齐。

3. 眉部的清洁

在洗脸、化妆以及其他可能的情况下，客运服务人员都要特别留意一下自己的眉部是否清洁。特别应当注意，要防止眉部出现诸如灰尘、死皮或是掉下来的眉毛等异物。

（二）眼部的修饰

客运服务人员在进行眼部修饰时，主要有三个问题应重视。

1. 眼部的保洁

俗话说"眼睛是心灵的窗户"，在与旅客交往中，客运服务人员的眼部也是服务对象最为关注的部位，所以要随时注意它的保洁问题。其中，最主要的问题是要及时清除眼角的分泌物或异物。

2. 眼镜的佩戴

对客运服务人员来说，如果在工作岗位上佩戴眼镜，则有两个注意事项。一是要注意眼镜的选择。选择眼镜时，除了要求实用，还应注意眼镜质量是否精良、款式是否适合本人。二是要注意眼镜的清洁。戴眼镜的人，一定要坚持每天擦拭眼镜。

3. 眼病的防治

要注意眼部卫生，尤其是要注意预防和治疗"红眼病""沙眼"等传染性眼病。如果眼部患有传染性眼病，应及时治疗，注意休息，绝不可直接接触服务对象。

（三）耳部的修饰

耳朵位于脸部的两侧，仍然是在服务对象注视的范围内。修饰耳部时，客运服务人员需要注意两个方面的问题。

1. 耳部的除垢

对不少人而言，在清洁面部时，耳部特别是耳孔之内，往往会被忽略。事实上，在每个人的耳孔里，除了会有分泌物出现之外，有时还会积存一些落入其中的灰尘。当他人站立于自己身体的一侧时，它们有可能进入对方的视野之中，因此，客运服务人员务必每天进行耳部的除垢。

2. 耳毛的修剪

如同鼻毛一样，有些人到了一定岁数，耳孔周围会长出一些浓密的耳毛。客运服务人员一旦发现自己出现了此种情况，应及时对其进行修剪，切勿置之不理，任其自由生长，否则，会很不美观。

（四）鼻部的修饰

鼻子位于五官的中心部位，也是面部最突出的部分。所以，客运服务人员应注意保持鼻部的卫生，重点关注两个问题。

1. 鼻涕的去除

客运服务人员平时应注意保持鼻腔的清洁，清除鼻垢时，切勿当众用手去挖鼻孔、擤鼻涕，或随处乱抹、乱弹鼻涕，更不能用力将其吸入腹中。

2. 鼻毛的修剪

有些人鼻毛过长、过旺，甚至会冒出鼻孔之外，这些都有碍美观。客运服务人员对此切莫掉以轻心，应定期对其进行检查，一旦发现这种情况，要及时进行修剪，不能外露。

（五）口部的修饰

客运服务人员在进行口部修饰时，主要应当注意以下五个方面的问题。

1. 刷牙

一般情况下，当口腔不够清洁时就会产生口臭。在服务旅客的过程中，口腔有异味的客运服务人员往往会令人退避三舍。口部修饰的首要任务就是保持口腔卫生，每天坚持认真刷牙。刷牙时应采用正确而科学的方法，务必做到"三个三"，即每天早、中、晚刷三次牙；每次刷牙宜在饭后三分钟进行；每次刷牙的时间至少三分钟。

2. 洗牙

维护牙齿，既要做到使之无异物、无异味，又要注意使之保持洁白，还应及时去除牙齿上的牙石，原因在于牙石会影响口腔卫生和牙齿的美观。目前，最有效的办法就是定期去口腔医院或专业机构进行洗牙，成年人在正常情况下应该每半年洗一次牙。

3. 禁食

这里所说的禁食，主要是指客运服务人员在工作岗位上，为了防止由于饮食方面的原因而使自己的口中产生异味，故上岗前应当暂时避免食用葱、蒜、韭菜、腐乳、虾酱、烈酒以及香烟等气味过于刺鼻的食物。

4. 护唇

客运服务人员在闭口不言时，其嘴唇往往会成为服务对象关注的重点部位。因此，客运服务人员应该有意识地呵护自己的唇部，用心保养，防止嘴唇干裂、起皮或生疮。尤其在天气干燥的秋冬季节，更要注意使用一些滋润型的唇膏。

5. 剃须

男士由于自身生理特点的原因，唇间会长有胡须。男性客运服务人员若个人无特殊的宗教信仰或民族习惯，最好不要蓄须，应该坚持每天剃须。在工作岗位上切忌胡子拉碴，因为这会被认为是一种失礼的行为。若是女性因为自身内分泌失调而长出类似胡须的汗毛时，应及时去医院接受治疗，并进行清除，否则看上去极为不雅观。

客运服务人员的肢体修饰

客运服务人员在修饰上肢与下肢时，应当遵守的礼仪规范包括以下几方面。

（一）手臂的修饰

在工作中，客运服务人员的手臂是与旅客接触或递接物品时运用的最为频繁的部位。手臂通常被视为每位客运服务人员所拥有的"第二张名片"，因此，应该悉心呵护手臂，注意对手部皮肤的保养和修饰。

1. 手臂保养

客运服务人员的手臂上如果总是粗糙、皲裂、红肿、生疮、长癣，或者创伤不断，肯定会影响服务的效果，客运服务人员一定要注意对手臂的保养。保养手臂需要做到方法得当，在洗手时，应使用刺激性较小的香皂，或者不含刺激性的洗手液，洗完后要把手上的水分及时擦干。在秋冬季节，洗完手后一定要在手臂上涂抹一些油脂类护肤品对其进行保护，或者晚上入睡前在手臂上涂抹一些营养霜，然后戴上纯棉手套，如果能经常这样做，可以保持手臂肌肤更加光滑柔嫩。

2. 手臂保洁

客运服务人员的手臂干净与否至关重要。如果客运服务人员用不干净的双手为旅客递送食品或物品，必定会引起对方的反感。

3. 手臂修饰

客运服务人员在修饰手臂时，需要特别重视下述几个方面的细节问题：

（1）勤剪指甲。指甲长，在有些人看来，独具美感。而对客运服务人员来说，蓄留长指甲，只会让别人感到手部不够清爽。所以，客运服务人员的手指甲通常不宜长过其指尖。

（2）指甲的修饰。出于养护指甲的目的，允许客运服务人员平时使用无色指甲油。一般在工作岗位上，不允许在指甲上涂抹彩色指甲油。

（3）不要腋毛外露。一般而言，客运服务人员大都不会以肩部暴露的服装作为工作装。其主要原因在于，这种服装会令服务人员的腋窝一览无余，而一个人身上的腋毛在外人眼里未免多少有些不雅。万一因为工作的特殊需要，服务人员必须穿着肩部外露的服装上岗服务时，则必须切记：此前最好剃去自己的腋毛。

（二）下肢的修饰

客运服务人员在对自己的下肢进行修饰时，需要注意的问题大致上有两个。

1. 下肢的清洁

客运服务人员应重视下肢的清洁，特别注意三个方面的细节问题。

（1）勤于洗脚。人的双脚不但容易出汗，而且还容易产生异味。所以，应做到每天认真洗脚，使之保持干净、卫生、无异味。同时，对脚趾缝、指甲、脚后跟、脚腕等部位也要进行清洗。脚指甲应每周修剪一次，避免其藏污纳垢。

（2）勤换袜子。除了勤于洗脚外，客运服务人员应自觉做到勤于更换袜子，做到每日一换。在选择袜子时，尽量选择透气性好、吸湿性强、不易产生异味的纯棉质地的袜子为佳。

（3）勤换鞋子。客运服务人员应定期更换鞋子，做到勤清洗、勤晾晒。每次在穿鞋之前，应对鞋子进行细心的清洁、擦拭，使其一尘不染。

2. 下肢的遮掩

客运服务人员应注意下肢的遮掩。

（1）不要光腿。客运服务人员的下肢不允许光腿直接暴露在他人的视线之内。

（2）不要光脚。客运服务人员在工作时，是不允许光脚穿鞋的，一定要穿上袜子，提出这一要求，既是为了美观，也是为了在整体上塑造服务人员的形象。

（3）不要露趾。客运服务人员在选择鞋子时，不仅要注意其款式、尺寸，还需特别注意，自己在穿上鞋子时，不应让脚趾露在外面。客运服务人员在工作岗位上，一般不允许穿露趾的凉鞋或拖鞋。

三 客运服务人员的发部修饰

头发生长在头顶之上，即位于人体的"制高点"，通常在观察、打量一个人时，会习惯性从头部开始，头发也就成为一个被关注的重点。由此可见，仪容修饰应该"从头开始"。客运服务人员在进行发部修饰时，应注意以下几个方面。

（一）确保发部的整洁

头发每时每刻都在产生一些分泌物，与此同时还会不断吸附空气中的灰尘，如果不及

时清洗头发，极易产生令人不舒服的气味，给人以邋遢、萎靡不振之感，严重影响个人形象，因此，一定要保持头发的干净整洁，认真自觉地做好发部的日常护理工作。通常情况下，应当每周至少清洗头发2~3次，做到发部无灰尘、无头屑、无异味。勤于梳洗头发既有助于养护发质，又能及时清除异物、消除异味，干净飘逸的秀发能给人以清爽舒适之感。

为了保持一定的发型，头发必须定期进行修剪。在正常情况下，男性客运服务人员应当每半月左右修剪一次头发，或者至少确保每个月修剪一次头发，以保证发型的轮廓。女性客运服务人员可根据个人的具体情况而定。

客运服务人员应勤于梳理头发。按照常规，客运服务人员在下述情况下，皆应自觉梳理一下自己的头发。一是出门上班前，二是换装上岗前，三是摘下帽子时，四是下班回家时，五是其他必要时。

（二）慎选发部的造型

客运服务人员应根据自己的工作性质选择发型，这是服务礼仪对服务人员的基本要求之一。具体来说，应当强调以下两个方面的问题。

1. 长短适当

（1）男性客运服务人员在修饰头发时，必须做到：前发不覆额，侧发不掩耳，后发不触领。

（2）女性客运服务人员在工作岗位上头发长度是不宜长于肩部和挡住眼睛，并且不允许随意将头发披散开来。提出这一要求，并不是强迫长发过肩者全部将其剪短，而是希望其采取一定的措施，在上岗之前，将超长的头发盘起来、束起来、编起来，或是置于工作帽之内，不可以披头散发。

2. 风格庄重

客运服务人员在选择发型时,应当有意识地使自己的发型体现庄重而保守的整体风格。客运服务人员通常不宜使自己的发型过分时髦，尤其不要为了标新立异，而有意选择极端前卫的发型。

客运服务人员在为自己选择具体发型时，务必牢记，发型必须与自己的身份相符，必须符合本行业的"共性"，切忌发型和自己的身份不相符，或是"个性化"色彩异乎寻常地强烈。

四 客运服务人员的化妆修饰

化妆，是修饰仪容的一种高级方法，它是指采用化妆品按一定技法对自己进行修饰、装扮，以便使自己的容貌变得更加靓丽。在人际交往中，进行适当的化妆是必要的，这既是自尊的表示，也体现了对交往对象的重视。

客运服务人员在服务工作中，一般都应适当地化妆，即"化妆上岗，淡妆上岗"。客运服务人员在上岗服务前化妆，会发挥以下三种作用：

一是有助于表现客运服务人员的自尊自爱。

二是有助于表现客运服务人员的爱岗敬业精神。

三是有助于表现客运服务人员训练有素。

（一）化妆的原则

客运服务人员在化妆时，应遵守淡雅、简洁、适度、庄重和避短五项原则。

（1）淡雅。所谓淡雅，就是要求客运服务人员在工作时一般都应化淡妆。淡妆指淡雅的妆容，亦即人们平时所说的自然妆。

（2）简洁。客运服务人员的岗位妆容，应当是一种简妆，无须复杂烦琐。

（3）适度。客运服务人员的工作妆必须适合自己本职工作的实际需要，而且化妆的程度要适当。

（4）庄重。客运服务人员的妆容，应以庄重为主要特征。

（5）避短。客运服务人员在化妆时，要扬长避短，掩饰自己短处，弥补自己的不足。化妆时扬长避短，重在避短，而不在于扬长。

（二）化妆程序与步骤

1. 护肤

洁面后的皮肤处于角质层水分容易蒸发的状态，要在皮肤还没有完全干燥的状态下立即进行水分的补给。

乳液或润肤霜的作用是对皮肤起到滋润的作用，同时对皮肤产生保护作用，减少化妆品对皮肤的刺激。采用五点定位法将乳液涂开，分别是额头、鼻子、双颊、下巴处，由上往下，由内向外均匀揉开。

2. 粉底液的打法

（1）五点定位法。五点定位法就是把粉底液挤在手背上，然后用无名指将粉底液分成五份米粒大小状，分别点在额头、鼻尖、下巴、两颊处。

（2）平面涂法。平面涂法通常是拿一块半干的菱形海绵块，按照从中间往两边推开的方法，轻柔地把粉底液在脸上抹均匀。在涂抹的同时，要注意手部力量的轻重，只能用"印""按"的方法，让粉底液和脸上的皮肤完全贴合。

3. 定妆的技巧

要保持妆容的持久，就不能忽略定妆这一环节。许多化妆的女性不习惯在涂好粉底液后就定妆，实际上这是非常重要的一步，它会影响到之后眉毛、眼影和腮红的化妆效果。

（1）粉扑定妆法。采用粉扑定妆是比较常见的方法之一。在脸上涂好粉底液后，用粉扑蘸上粉饼，采用轻压的方法，把粉均匀地扑在脸上，尤其是上眼睑、下眼睑以及嘴角、鼻翼两侧等部位，要特别小心地扑上。30秒后，取一个扇形刷掸掉多余的粉末。

（2）粉刷定妆法。取一个大号粉刷，蘸取散粉，直接涂抹到脸上，最好能一次性取足备用的量，不要两次、三次地去取粉。在定妆的过程中，按照从上而下的方法来展开。

4. 眉毛的画法

（1）用眉笔画。用眉笔画眉毛时，先确定好一条线，即眉头、眉峰、眉尾三点连成一条弧线。然后沿着这条线，按照既定的宽度，轻轻往上晕染。

（2）用眉粉扫。不存在断眉现象的眉毛都可以用眉粉来表现。相比之下，用眉粉会显得更自然，但它比较容易脱落，需要不时地补扫。

（3）用睫毛膏画。睫毛膏画眉的好处是自然、有个性，直接按照眉毛的生长方向进行涂抹即可。

5. 眼睛的画法

（1）眼线的画法。眼线的画法可借助眼线笔或眼线液来完成。画眼线时，一定遵循"中间粗，两头细"的原则。起笔可先从中间开始，由中间往后画，在画到后面时，手要微微提起，并带动眼线上翘。

画下眼线时，最好使用眼线笔，不要用眼线液来画。画的时候，从眼尾开始往里画1/3。

（2）眼影的画法。采用画半圆的方法来涂眼影。眼影的作用是增加眼部的立体感与明亮感，目的是表现眼部的结构，体现整体化妆风格的韵味。

（3）涂睫毛膏。涂睫毛膏的目的是让睫毛变长、变浓。在涂睫毛膏之前，最好先用睫毛夹把睫毛夹弯，按照先根部再中间再前面的三部曲来进行。涂睫毛膏时，可分为上、下两步进行，采用Z字涂法。

6. 腮红的打法

腮红可采用斜面打法，斜面打法指沿着颧骨下方往耳朵中部、上部斜着打过去，不能把腮红画成一条直线。

图 4-1

7. 嘴唇的画法

先用唇膏滋润嘴唇，然后用口红或者唇彩从嘴角往里涂，由唇谷、唇峰往中间涂，两者结合在一起，以保证唇形的美观、清洁。

8. 完整妆面的调整

化好妆后，需要一个调整的过程。仔细观察眉毛是否有高有低、眼影范围是否有大有小、腮红打得是否对称、眼线画得是否有粗有浅、唇部是否圆润等（图4-1）。

【实训任务4-1】 化妆练习

1. 任务目标

通过任务练习让学生熟悉并熟练掌握化妆步骤，能根据自己的特点为眉毛、眼睛、嘴等部位设计合理的工作妆容。

通过训练环节，切实使学生掌握基本的化妆要领。

2. 任务内容

在规定的时间内，根据自己的特点化一次完整的妆。

3. 任务实施

洁面护肤→涂粉底液→定妆→画眉毛→画眼线→画眼影→涂睫毛膏→涂腮红→涂口红→检查整个妆面。

4. 任务总结

学生在设计工作妆容时，应遵守淡雅、简洁、适度、庄重和避短的原则，化妆不仅要掌握步骤和要领，更要结合自身五官的特点，扬长避短。

单元 4.2 服务服饰礼仪

服饰，是对人们的衣着及其所用装饰品的一种统称。服饰是一种无声礼仪，并能反映出一个人的社会生活、文化水平和各个方面的修养。正如莎士比亚所说："服饰往往可以表现人格。"一个人穿戴什么样的服饰，直接关系到别人对其个人形象的评价。服饰只有与穿衣者的气质、个性、身份、年龄、职业以及穿戴的环境、时间协调一致时，才能达到美的境界。穿衣是关乎每一个人的"个人形象工程"的大事。那么，如何才能使自己的着装得体呢？穿着服装必须遵循以下原则。

一、服饰基本原则

（一）整洁原则

整洁原则是指服饰要干净整洁，是服饰礼仪的一个最基本的原则。通常一个穿着整洁的人总能给人以积极向上的感觉，同时也能显示对交往对方的尊重和对社交活动的重视。整洁原则并不代表着追求时髦和高档，只要保持服饰的干净合体、全身整齐有致即可。

（二）个性原则

个性原则是指在选择服饰时要符合个人的气质。不同的人由于年龄、性格、职业、文化素养等各方面的不同，就会形成各自不同的气质，我们在选择服饰时，不仅要符合个人的气质，还要突现出自己美好气质的一面。同时还要注意：不要盲目追赶时髦和模仿别人。

（三）和谐原则

和谐原则是指协调得体原则，即选择服装时不仅要与自身体型相协调，还要与自己的年龄、肤色相配。服饰本是一种艺术，我们要根据自己的特点，用心地去选择适合自己的服饰，借用服饰的特点扬长避短，充分美化自己。

（四）TPO 原则

规范、得体的着装应遵循 TPO 原则，T、P、O 三个字母分别是英文中的时间（Time）、地点（Place）、场合（Occasion）这三个单词的首字母，其含义是要求人们的服饰穿戴应遵循时间、地点、场合这三个客观因素，力求与周围环境相和谐。

1. 时间原则

在选择着装时，必须要考虑时间层面，时间既涵盖了每天的早晨、中午、晚上等阶段，而且还包括春、夏、秋、冬四个季节，服装的类别、式样、造型应做到随时间变化而更替。通常来说，一年四季中，人们的着装应根据大自然的规律，做到春秋服装薄厚适宜、轻巧灵便，夏季服装轻柔、透气、吸汗、凉爽，冬季服装要保暖、御寒。白天及晚上的服装应根据个人所处环境、地点而有所变化。

2. 地点原则

特定的地点、环境应配以适宜、协调的服饰，以获得整体的和谐感，从而实现人与地点相融洽的最佳效果。比如，职场男士在办公室内，若着一套笔挺的西服套装，会给人以工作干练、井然有序的印象，然而若在绿草茵茵的运动场上着西装则会显得与周围环境格格不入。

3. 场合原则

不同场合有着不同的着装要求，个人应根据自己所处的特定场合来选择与之气氛相一致的服装，使自身达到视觉上与心理上的和谐感。

二、穿着制服的礼仪规范

制服标志着自己的职业特色。制服的设计充分考虑了穿着者所从事的职业和身份，与环境相配，有一种职业美。通过制服不仅可以看到一个人的职业形象，而且也展现企业的精神面貌。穿上醒目的制服不但易于他人辨认，而且也使穿着者有一种自豪感和责任感。

制服展现企业的形象。因此，在穿着制服的时候，要注意自己的仪容仪表，注意整洁，使自己的形象、举止符合制服应表现出的形象。制服的美观突出了员工的精神面貌，也反映了企业的管理水平和卫生状况。

穿着制服的礼仪规范包括以下几个方面：

（1）外观整洁。制服平整挺括、完好无损、干净卫生、无异味，避免褶皱。

（2）文明着装。避免穿着过分暴露、薄透或过分瘦小的服装。

（3）穿着搭配得当。配饰搭配以少而精为主，色彩、款式不超过三样；丝巾、领带的佩戴要规范；鞋袜按正装标准穿着。

三、穿着制服应注意的事项

穿着制服时应注意以下几个方面：

（1）在穿制服时不宜佩戴镶宝石的装饰品，如手镯、悬垂挂件、装饰戒指、胸针、脚链等。

（2）工作时不得佩戴两枚以上或超过 5 毫米的戒指。

（3）耳针的大小不许超过黄豆粒或 3 毫米，不许有悬垂物。

（4）工作时不能佩戴装饰项链、珍珠项链等较夸张的饰物，最好佩戴一条素链。

（5）头上不得佩戴发圈和有颜色的发夹。

【阅读资料4-1】　××客运段值乘人员仪容着装标准

根据中国国家铁路集团有限公司《铁路旅客运输服务质量规范》（铁总运 [2016] 247 号），为规范值乘期间客运乘务人员着装标准，树立和保持铁路客运窗口单位的良好形象，充分展现全段干部职工的精神面貌，结合段实际，特制定本标准。

一、动车组列车乘务人员着装标准

（1）列车长（男）：穿着规定制服，扎领带，戴制帽，衣扣整齐；佩戴臂章、胸章牌。列车长（女）：穿着规定制服，系丝巾，戴制帽，衣扣整齐；佩戴臂章、胸章牌。

（2）列车员（男）：穿着规定制服，扎领带，戴制帽，衣扣整齐；佩戴胸章牌。列车员（女）：穿着规定制服，系丝巾，戴制帽，衣扣整齐；佩戴胸章牌。

（3）安全员（兼）：穿着规定安保制服，衣扣整齐，戴安保制帽；佩戴安全员标志，不佩戴职务以外标志。冬季着铁路制服大衣时，佩戴铁路制服帽（大盖帽）。

（4）餐售人员（女）：穿着规定制服，系丝巾，系围裙，衣扣整齐；佩戴胸章牌。餐车加热、供应餐食时，戴口罩、手套。

餐售人员（男）：穿着规定制服，衣扣整齐；佩戴胸章牌。餐车加热、供应餐食时，戴口罩、手套。

（5）随车保洁员：穿着规定制服，系围裙，衣扣整齐；佩戴胸章牌（冬装佩戴丝巾）。

二、值班和添乘干部着装标准

1. 男性干部着装标准

（1）车队值班干部值班时，穿着规定制服，扎领带，衣扣整齐；佩戴胸章牌。外穿衬衫时可不扎领带。

（2）车队添乘干部上车检查指导和段专业科室值班干部值班检查时，穿着规定制服，扎领带，衣扣整齐，佩戴胸章牌（外穿衬衫时可不扎领带）。接受任务迎接路局、总公司及以上领导乘车检查时，还须扎领带，戴制帽。

（3）段组织暗访检查乘务工作时可不穿制服。

2. 女性干部着装标准

（1）车队干部值班、添乘检查指导时，按照其他普速旅客列车乘务人员着装标准，穿着规定制服，衣扣整齐；佩戴胸章牌。接受任务迎接路局、总公司及以上领导乘车检查时，还须戴制帽。

（2）段专业科室干部值班检查时，穿着规定制服，扎领带，衣扣整齐，佩戴胸章牌（外穿衬衫时可不扎领带）。接受任务迎接路局、总公司及以上领导乘车检查时，还须扎领带，戴制帽。

（3）段组织暗访检查乘务工作时可不穿制服。

三、着装和妆容要求

1. 着装要求

（1）全列换装统一，衣扣拉链整齐，值乘中按标准着装。

（2）着装时，做到不披衣、歪戴制帽、敞胸露怀、挽袖、卷裤腿；系领带或衬衣外穿时，衬衣束在裙子或裤子内；女乘务人员穿裙子时统一穿肤色丝袜，无破损。

（3）穿着春秋装及冬装时，内穿制式衬衫，并佩戴制式领带，内衣下摆、领口不得外露。女性列车乘务人员按规定系扎丝巾、围巾，着春秋装时在上衣右上方佩戴领花（丝巾）；着冬装时在衬衣V字领内戴丝巾，内衣下摆、领口不得外露。

（4）除列车长外，其他客运乘务员在车厢内作业时可不戴制服帽；动车组列车长值乘中必须戴帽子。班组出、退乘列队行走时列车乘务人员按规定佩戴制帽。

（5）春秋、夏、冬制服不得混穿，制服与便服不得混穿，不在制服外罩便服；冬季气温降低，可在衬衫与外套间添加衣物，但应以V字领、深色系为原则。着大衣时，全列衣扣统一，职务标志、党（团）徽佩戴在规范位置，防寒围巾穿戴段统一配发的围巾，禁止佩戴自购的围巾，确保着装统一。

（6）穿黑色规定制服鞋（或同款式），式样统一；不得赤足穿鞋，不穿尖头鞋、拖鞋、露趾鞋，鞋跟高度不超过3.5厘米，跟径不小于3.5厘米。佩戴制服皮带（或同款式），外露的皮带为黑色，皮带样式简洁大方、全列统一，色调一致。

（7）职务标志佩戴规范。胸章牌佩戴在上衣左胸口袋上方正中，胸章牌下边沿距离左胸口袋上方边沿1厘米处（无口袋的佩戴在相应位置）；党（团）徽一律佩戴在胸章牌上方正中，党（团）徽下边沿紧靠胸章牌上方边沿。臂章佩戴在上衣左袖肩下四指处。

（8）动车组男性列车长、安全员佩戴的眼镜式样应简约大方，选择半框或无框眼镜，镜架颜色应为黑色、深色或金属本色，不夸张，不佩戴有色眼镜。动车组女性乘务人员值乘应佩戴隐形眼镜。

（9）佩戴的外露饰物款式简洁，不夸张，限手表一只、戒指一枚及一副直径不超过3毫米的耳钉。

（10）发饰佩戴标准。动车组、"红旗列车"、高等级列车女性乘务人员佩戴规定隐形发网；普速旅客列车女性乘务人员佩戴规定发饰发网。

（11）乘务人员穿制服或佩戴职务标志在公共场所时必须爱护企业形象，严格遵守道德操守、社会公德，禁止出现不文明、不礼貌的行为。

2. 妆容要求

（1）头发干净整齐、颜色自然，不理奇异发型、不剃光头。男性两侧鬓角不得超过耳垂底部，后部不长于衬衣领，不遮盖眉毛、耳朵，不烫发，不留胡须；女性发不过肩，刘海长不遮眉，短发不短于7厘米（"红旗列车"、动车组乘务人员不染发，女性不留短发）。

（2）面部、双手保持清洁，身体外露部位无文身。指甲修剪整齐，长度不超过指尖2毫米，不染彩色指甲，指甲油应选用透明或淡粉色，不得有美甲装饰。

（3）女性淡妆上岗，唇线与口红的颜色一致，选择自然红色；眉毛修剪整齐，眉笔和眼线为黑色或深棕色。工作中保持妆容美观，端庄大方。补妆及时，在洗手间或乘务间进行，不浓妆艳抹。

3. 佩戴声讯电子设备着装要求

（1）普速列车对讲机统一佩戴在后腰右侧皮带上，耳机线固定夹夹在衬衣衣扣间，耳机线贴身平顺，穿外套时耳机线挂放在衣服内，只露出衣领口与耳朵一段。音视频记录仪挂放在上衣（或大衣）左侧胸章牌上方专用挂扣上。

（2）动车组列车客运乘务对讲机统一佩戴在后腰右侧裤腰（皮带）上（女性乘务

员着裙子时佩戴在裙腰上），耳机线固定夹夹在上衣（马夹）衣扣的暗扣间，耳机线贴身平顺，穿外套时耳机线挂放在衣服内，只露出衣领口与耳朵一段。音视频记录仪挂放在上衣（或大衣）左侧胸章牌上方专用挂扣上。

四、客运乘务人员发饰、值乘鞋子标准

1. 发饰标准（图4-2、图4-3）

图4-2　高铁动车组女性乘务人员发饰

图4-3　普速旅客列车女性乘务人员发饰

2. 值乘鞋子标准（图4-4、图4-5）

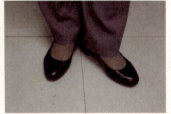

图4-4　男性乘务人员值乘鞋子款式

图4-5　女性乘务人员值乘鞋子款式

五、列车乘务人员着装标准

1. 列车员（男）（图4-6）
2. 列车员（女）（图4-7）

图4-6　列车员（男）

图4-7　列车员（女）

六、列车长佩戴音视频记录仪、臂章标准（图4-8~图4-11）

图4-8　列车长（男）夏装佩戴音视频记录仪、臂章标准

图4-9　列车长（男）春秋、冬装佩戴音视频记录仪、臂章标准

图4-10　列车长（女）夏装佩戴音视频记录仪、臂章标准

图4-11　列车长（女）春秋、冬装佩戴音视频记录仪、臂章标准

【实训任务4-2】 客运服务人员穿着制服的规范与展示

1. 任务目标
掌握客运服务人员穿着制服的规范。

2. 任务内容
展示客运服务人员制服的穿着规范。

3. 任务实施
（1）学生课前收集关于客运服务人员制服的资料和视频，分组归纳总结客运服务人员穿着制服的规范。

（2）学生每五人一组，分别穿着制服，分组考核，学生点评总结。

4. 任务总结
对于客运服务人员的服饰问题，主要应当注意两点：其一，必须对个人服饰予以高度重视。服饰得体与否，与个人形象、企业形象均有极大关系。对其重视不够，就会损害个人形象与企业形象。其二，必须在个人服饰上遵守规则。要想在服饰穿着上不出差错，就要严格遵守服饰礼仪的规则，特别是遵守本单位的有关规定。

一、填空题

1. 一个人的仪容，大体上受两大要素的左右：其一，是本人的先天条件；其二，_____。
2. 客运人员修饰面部时，应遵守的规则有：_____、_____、_____。
3. 客运服务人员应注意保持鼻部的卫生，重点关注两个问题。这两个问题是：_____、_____。
4. 服务人员在修饰与维护本人的仪容时，重点应当放在_____、肢体修饰、发部修饰、化妆修饰四个方面。
5. 客运人员修饰手臂时，应注意的细节为：_____、_____、_____。
6. 客运人员在化妆时，应遵守的五项原则是：_____、_____、_____、_____、_____。
7. 着装应遵循的TPO原则的具体内容是：_____、_____、_____。
8. 客运人员穿着制服应遵守的礼仪规范是：_____、_____、_____。

二、选择题（根据每小题后面给出的答案，选择一个或几个正确答案，把选项填在每小题后面的括号中）

1. 面部修饰时，服务人员所应当遵守的总的指导性规则是（　　）。
   A. 洁净、卫生、自然　　　　B. 漂亮、美观、时髦
   C. 端庄、大方、美观　　　　D. 时尚、高贵、阔气
2. 下列对仪容修饰的说法中有误的项是（　　）。
   A. 头发要适时梳理，不能有头皮屑
   B. 女性服务人员不留披肩发，染发选择和黑色比较接近的颜色
   C. 男性服务人员每天都要剔净胡须（特殊的宗教信仰者除外）
   D. "爱美之心人皆有之"，即便是有统一制服的服务人员，也可以穿着体现个性美的服装
3. 服务人员在化妆时，应遵循的基本原则是（　　）。
   A. 淡雅　　　　B. 简洁　　　　C. 适度　　　　D. 庄重和避短
4. 服饰的基本原则包括（　　）。
   A. TPO原则　　B. 整洁原则　　C. 个性原则　　D. 和谐原则
5. 客运人员应重视下肢的清洁，特别注意三个方面的细节问题（　　）。
   A. 勤于洗脚　　B. 勤换袜子　　C. 勤换鞋子　　D. 勤换服装

6. 男性客运人员修剪头发的时间是（　　）。
   A. 半个月左右　　　　　　　　B. 一个月左右
   C. 一个星期左右　　　　　　　D. 一个半月左右
7. 在工作岗位上，对女性客运人员的头发要求正确的是（　　）。
   A. 头发长度不宜长于肩部和挡住眼睛
   B. 不允许随意将头发披散开来
   C. 将超长的头发盘起来、束起来、编起来，或是置于工作帽之内
   D. 可以把长发披在肩和后背
8. 穿着制服的礼仪规范包括以下几个方面（　　）。
   A. 外观整洁　　B. 文明着装　　C. 穿着搭配得当　　D. 随意搭配

三、判断题（下面的语句表述是否正确，请在每句话后面的括号中填写"正确"或"错误"）

1. 客运服务人员在上岗前应当避免食用葱、蒜、韭菜等气味刺鼻的食物。（　　）
2. 手臂通常被视为每位客运服务人员所拥有的"第二张名片"，因此应该悉心呵护手臂，注意对手部皮肤的保养和修饰。（　　）
3. 出于养护指甲的目的，客运服务人员可以使用淡色的指甲油。（　　）
4. 通常情况下，应当每周至少清洗头发2~3次，做到发部无灰尘、无头屑、无异味。（　　）
5. 客运服务人员在工作岗位上不允许穿露趾的凉鞋或拖鞋。（　　）
6. 穿着制服时不得佩戴三枚以上或超过5毫米的戒指。（　　）
7. 男性客运服务人员在修饰头发时，必须做到：前发不覆额，侧发不掩耳，后发不触领。（　　）
8. 通常一个穿着整洁的人总能给人以积极向上的感觉，同时也能显示对交往对方的尊重和对社交活动的重视。（　　）

四、简答题

1. 服务人员面部修饰的内容有哪些？
2. 服务人员手臂修饰的内容有哪些？
3. 服务人员发部修饰的内容有哪些？
4. 穿着制服的礼仪规范有哪些？

五、论述题

1. 客运服务人员如何使自己的着装得体？
2. 客运人员如何塑造良好的职业形象？

模块 5

客运服务人员仪态举止礼仪

学习目标

1. 理解不同类型的眼神所产出的不同含义,能够在服务中正确使用眼神。
2. 理解微笑是最基本的礼仪的含义,以及微笑服务应从心开始的理念。
3. 掌握微笑的基本方法。
4. 掌握静止仪态规范:站姿、坐姿、蹲姿、鞠躬、欠身等。
5. 掌握行进仪态规范:基本行进姿态。
6. 掌握手势仪态规范:服务中常用的几种手势。
7. 掌握与旅客交往中的规范体态语的要求及运用。

内容概要

仪态举止是指人的动作和表情。仪态举止是一种无声的语言,是一个人心灵的外衣。一个人的仪态举止可以展现他的品质、修养、学识、文化等方面的素质和能力,良好的仪态增强活力,不良的仪态使你显得懦弱而无力,恰到好处的仪态举止,能帮助一个人走向成功。哲学家培根说:"相貌的美高于色泽的美,而秀雅合适的动作美又高于相貌的美。这是美的精华。"

建议课时

2课时

单元5.1 表　情

表情神态,泛指一个人面部所呈现出来的具体形态。所谓表情,指的是人通过面部形态变化所表达的内心的思想感情。所谓神态,则是指在人的面部所表现出来的神情态度。在一般情况下,表情与神态通常所指的是人在脸上所表现出的态度变化。客运服务人员在工作中表情神态如何,在服务对象看来,往往与其职业素质、礼仪水准与工作态度直接相关,因此,正确恰当地表现出让服务对象接受并满意的表情和神态是十分必要的。

表情的要求

客运服务人员在服务岗位上应用表情时,必须遵循以下四点:

第一,表现谦恭。服务于人,待人谦恭与否,从表情神态方面可以很直观地看出来,而且备受服务对象的重视。因此,客运服务人员在工作之中务必要使自己的表现神态于人恭敬,于己谦和。

第二,表现友好。在工作中,对待任何服务对象,皆应友好相待。这一态度,自然应当在本人的表情神态上表现出来。所谓"笑迎八方来客,广交四海朋友",其实就是要求客运服务人员在服务中要以友好的表情神态先行一步。

第三,表现适时。从大的方面来看,人的表情神态可以是庄重、宽和,也可以是活泼、俏皮,有时还可以表示不满、气愤或悲伤。不论采用何种表情神态,客运服务人员都要切记使之与现场的氛围、实际需要相符合。这就是所谓表情神态要适时。比如当服务对象极不开心之时,对其笑脸相迎,就肯定不会得到对方的良好反馈。

第四,表现真诚。客运服务人员在服务时,既要使本人的表情神态谦恭、友好、适时,更要出自真心,发乎诚意。这样做才会给人以表里如一、名副其实之感。千万不要在表情神态方面弄虚作假。须知要想在表情神态上做戏,只会是自欺欺人。

 面部表情的具体运用

1. 头部的表情达意

头部的动作也称首语,它是头部活动所传递的信息。头部动作在表情达意方面的表现力是比较强的,人们所常见的头部动作有点头、摇头、昂头、低头等。

(1)点头。点头在不同情况下表示不同的意思。有点头称是、点头会意、点头同意、点头肯定、点头满意、点头赞赏的,也有点头微笑,点头哈腰表示致意、感谢、恭顺和客气的。

(2)摇头。摇头表示否定、反对、阻止或不以为然;摇头吐舌、摇首咋舌,则表示惊讶、怀疑、不理解;摇首顿足则表示不满和无可奈何等。

(3)昂头。昂首挺胸、昂首伸眉表示充满信心、踌躇满志;昂首阔步显得精神振奋、意气昂扬;昂首望天则表示目中无人。

(4)低头。俯首沉思、俯首听令、俯首低眉、低头不语表示思考、顺从或屈从;俯首帖耳表示恭顺;垂头丧气表示沮丧或丧失信心。

在生活中,头部或正,或侧,或倾,也反映人的不同心态。身体直立,头部端正,表现的是一种自信而庄重的风度;头部前倾表示倾听、同情和关心;头部侧斜,表示对对方谈话感兴趣。

2. 面部的表情达意

面部表情是个人内心情绪的外在表现,常常体现一个人的个性。人们常说的"察言观色""心如其面",就是告诉人们看人要先看脸,见脸如见心。因为在体态语言中,面部表情的"词汇"最丰富,也最有表现力,它能最迅速、最敏感、最充分地表现出人类的各种情感,如喜、怒、忧、思、悲、恐、惊等,人们可以从面部的微小变化中,看到一个人错综复杂的情感变化。

3. 嘴的表情达意

在人的五官中，嘴的表现力仅次于眼睛。嘴的开合，嘴角的向上或向下，都传递一定的信息，而且嘴的动作还是构成面部笑容的主要因素。如嘴巴微微张开，上牙微露形成轻笑；双唇紧闭表示认真思考；张嘴露齿表示高兴；咬牙切齿表示愤怒；撇嘴表示藐视；咬唇表示自省；嘴角向上表示愉快；嘴角向下表示敌意；噘嘴表示生气；努嘴表示怂恿、嘲讽；咂嘴表示赞成或惋惜。

4. 鼻的传情达意

耸鼻表示厌恶，嗤之以鼻表示看不起，皱鼻表示好奇或吃惊。

5. 眉的表情达意

俗话说，"眼睛会说话，眉毛会唱歌"。眉语也很丰富，光眉毛的表情动作就有20多种，表示出不同的语义。例如，扬眉表示喜悦；展眉表示宽慰；飞眉表示兴奋；喜眉表示欢愉；竖眉表示愤怒；横眉表示轻蔑；皱眉表示为难；锁眉表示忧愁；挤眉表示戏谑；低眉表示顺从。

尽管面部中能够传情达意的部位有很多，但是面部表情的重点是眼神和微笑，下面我们着重介绍一下眼神和微笑的礼仪。

三 眼神的运用

眼神，指的是人们在注视时，眼部所进行的一系列活动及所显现的神态。如果说，面部是"心灵的镜子"，那么，眼睛就是"心灵的窗户"，"一身精神，具乎两目"。在人的体态语言中，眼睛最能倾诉感情，沟通心灵。眼神的千变万化，表露着人们丰富多彩的内心世界。美国作家爱默生曾说："人的眼睛和舌头所说的话一样多，不需要字典，却能够从眼睛的语言中了解整个世界。"印度诗人泰戈尔也说："一旦学会了眼睛的语言，表情的变化将是无穷无尽的。"运用眼神应注意的问题主要有以下几点。

1. 注意眼神注视的部位

在服务时，可以注视对方的如下部位：

第一，对方的双眼。注视对方的双眼，表示自己正全神贯注地听对方讲话，在问候对方、听取诉说、征求意见、强调要点、表示诚意、向人道歉或与人道别时，也应注视对方双眼，但时间不宜过长。

第二，对方的面部。与服务对象较长时间交谈时，可以对方的整个面部为注视区域。注视他人的面部时，最好注视对方的眼鼻三角区，而不要聚集于一处，以散点柔视为宜。

第三，对方的全身。与服务对象相距较远时，服务人员一般应当以对方的全身为注视点。

第四，对方的局部。服务工作中，往往会因为实际需要，会注视服务对象身体的某部分。例如，在递接物品时，应注视服务对象的手部。

2. 注意眼神注视的角度

第一，正视对方。即在注视他人时，与之正面相向，同时还须将上身前部朝向对方。正视对方是交往中的一种基本礼貌，其含意表示重视对方。

第二，平视对方。即在注视他人时，身体与对方处于相似的高度，在服务工作中平视服务对象，表现出双方地位平等。当处于坐姿时，看见服务对象到来，便要起身相迎以便平视。

第三，仰视对方。即在注视他人时，本人所处位置比对方低，而需抬头向上仰望对方。在仰视他人时，可给对方重视、信任之感。

另外，客运服务人员在注视服务对象时，视角要保持相对稳定，即使需要有所变化，也要过渡自然；对服务对象反复进行打量的做法，往往会使对方感到被侮辱、被挑衅。

3. 注意眼神兼顾多方

客运服务人员在工作岗位上为旅客进行服务时，通常有必要巧妙地运用自己的眼神，对每一位旅客予以兼顾。客运服务人员在为互不相识的多位旅客服务时，既要按照先来后到的顺序对先来的旅客多加注视，又要同时以略带歉意、安慰的眼神，去环视一下等候在身旁的其他旅客。这样既表现出了善解人意与一视同仁，又可以让后到的旅客感到安慰，使其不致产生被疏忽、被冷落之感，稳定其躁动情绪。

四、得体的微笑

1. 得体的微笑四要素

（1）要笑的自然。古人对微笑的解释为"因喜悦而开颜"。微笑是一种特殊的语言——"情绪语言"，是美好心灵的外在体现。微笑需要发自内心才能笑得自然、笑得亲切、笑得美好、笑得得体。客运服务人员要切记不能为了笑而笑，不想笑而装笑。

（2）要笑的真诚。人类对笑容有着极强的辨别力，一个笑容是否发自内心、是否真诚，代表什么含义，人的直觉都能够敏锐地判断出来。真诚的微笑有助于保持积极心态，营造和谐的气氛，是人际关系的开始。真诚的微笑可以让对方内心产生温暖，引起对方的共鸣。如果客运服务人员在对客服务中把旅客当作自己的朋友、亲人，就能很自然地向他们发出会心的微笑、真诚的微笑。

（3）微笑要看场合。通常，客运服务人员在为旅客服务时要求面带微笑，这可以使旅客感受到来自客运服务人员的重视、尊重，令旅客心情舒畅。但在少数情况下，客运服务人员面带微笑为旅客服务时，微笑则会显得很不合时宜，甚至招来旅客的反感或投诉。例如，当旅客心情不好时，或者客运服务人员在与旅客讨论一个严肃的问题时，或者旅客对客运服务人员的服务不满进行投诉时等，这时客运服务人员应慎用微笑，而是要抱着同情的态度来安慰旅客或向旅客致歉，及时有效地解决问题。

（4）微笑的程度要合适。微笑是向服务对象表示友好、尊重的一种礼节，虽然提倡客运服务人员在对客服务过程中要多使用微笑，但并不是要求客运服务人员在服务的全过程中时时刻刻保持一成不变的微笑表情。微笑要恰到好处，比如当旅客看向客运服务人员时，客运服务人员应直视旅客并向旅客微笑点头问好示意；当旅客向客运服务人员提意见时，客运服务人员应一边认真倾听一边不时微笑。但是，若在服务过程中，客运服务人员不注意微笑的程度，过于放肆而没有节制时，就会有失身份，容易引起旅客的反感。

2. 微笑的基本方法

微笑是最常见的面部表情，它是一种令人感到愉快的表情，是交往者自然大方、真诚友好的体现。构建客运服务人员与旅客间的和谐关系尤其需要微笑，这为进一步深入沟通与交往创造出温馨友善的氛围。

（1）微笑的动作要领。一要额部肌肉收缩，眉位向上提高，眼轮匝肌放松；二要两侧颊肌和颧肌收缩，肌肉稍稍隆起；三要面部两侧笑肌收缩，并略向下拉伸，口轮匝肌放松；四要嘴角含笑并微微上提，嘴角似闭非闭，以不露牙齿或仅露不到半牙为宜，尤其是不要露出牙龈；五要面含笑意，但笑容不显著，使嘴角微微向上翘起时，让嘴唇略显弧形；六要注意不要牵动鼻子；七要不发出笑声。微笑根据情境可以分为一度微笑、二度微笑和三度微笑。

一度微笑是指放松自己的面部肌肉，两眉自然舒展，眉尖微微上扬，双眼略睁大，目光柔和发亮。嘴角的两端略向上翘起，不露牙齿，也不发出声响，显出微微的笑意即可。

二度微笑是指在一度微笑的基础上，嘴唇略呈弧形，适度露出牙齿，嘴角和眼神中均含有笑意。

三度微笑是指在二度微笑的基础上，两腮肌肉向上飞扬，露出八颗牙齿，眉开眼笑，笑容灿烂。

（2）必须整体配合。通常，微笑时除要注意口形外，还应注意面部其他部位的相互配合。整体配合协调的微笑，应当是眼睛略微张大，目光明亮而有神，眉头自然舒展，眉毛微微上扬。还可以默念一些词、字而形成最佳的微笑口型。例如，默念"一""七""钱"或英文C、Cheese等。

（3）力求表里如一。真正的微笑，理当具有丰富而有力度的内涵，它应当渗透着自己一定的情感，而渗透着一定情感的微笑，才真正具有感染力，这就是所谓的笑中有情、以笑传情。真正的微笑，还应当体现着一个人内心深处的真、善、美。表现着自己心灵之美的微笑，才会有助于交往双方的沟通与心理距离的缩短。真正的微笑，还应当是一种内心活动的自然流露，也就是说，它应当来自人的内心深处，而且绝对无任何外来的包装和矫饰（图5-1）。

图 5-1

【单元微课5-1】表情礼仪

本单元微课请扫描二维码11。

【实训任务 5-1】 客运服务人员的表情练习

1. 任务目的
通过眼神与微笑练习,为创造温馨的服务打下基础。

2. 任务内容
掌握眼神注视与微笑的基本方法。

3. 任务实施

1) 眼神注视训练

眼神注视训练的操作标准见表 5-1。

眼神注视训练的操作标准　　　　　　　　　　　表 5-1

实训内容	操作标准
眼神注视的部位训练	1. 注视对方的双眼。表示自己正全神贯注地听对方讲话,在问候对方、听取诉说、征求意见、强调要点、表示诚意、向人道歉或与人道别时,也应注视对方的双眼,但时间不宜过长,一般以 3~5 秒为宜。 2. 注视对方的面部。最好是注视对方的眼鼻三角区,而不要聚集于一处,以散点柔视为宜。 3. 注视对方的全身。与服务对象相距较远时一般应当以对方的全身为注视点。 4. 注视对方的局部。服务工作中,须根据实际需要注视服务对象的某一部分,例如在递接物品时,应注视服务对象的手部
眼神注视的角度训练	1. 正视对方。在注视他人时,与之正面相向,同时还须将上身前部朝向对方,以表示尊重对方。 2. 平视对方。即在注视他人时,身体与对方处于相似的高度,表现出双方地位平等。 3. 仰视对方。即在注视他人时,本人所处位置比对方低,则需抬头向上仰望对方,可给对方尊重、信任之感

2) 微笑训练

(1) 对镜微笑训练法

训练时,衣装整洁地端坐镜前,放松心情,调整呼吸,静心 3 秒,开始微笑。双唇轻闭,使嘴角微微翘起,舒展面部肌肉;注意眼神的配合,使整个面容协调。如此反复多次。为了获得更好的训练效果,还可播放较欢快的背景音乐。

(2) 模拟微笑训练法

①轻合双唇。

②两手食指伸出,指尖对接,放在嘴前 15~20cm 处。

③让两手食指指尖缓慢、匀速地分别向左右两侧移动,使之拉开 5~10cm 的距离,同时随着两手食指的移动同步加大唇角的展开度,并在意念中形成美丽的微笑,让微笑停留数秒。

④两手食指缓慢、匀速地向中间靠拢,直至指尖相接,同时,微笑的唇角随两手食指移动的速度缓缓收回。需要注意的是,训练时缓缓地收住微笑,切记不能让微笑

突然停止。如此反复训练20~30次。

（3）情绪诱导法

情绪诱导就是利用外界的诱导、刺激来引发自身的愉悦情绪，从而唤起微笑的方法。例如，打开你喜欢的书；翻看令你高兴的照片、画册；回想生活中幸福的片段；放一首喜欢的乐曲等，这些都能引发快乐和微笑。

（4）含箸法

将一根干净光滑的圆柱形筷子横放在嘴中，用牙齿轻轻咬住，对镜观察自己的微笑状态。

（5）意念法

已经有了微笑训练基础或善于微笑的人，不用对镜或利用其他道具，只用意念控制，驱动双唇，就能达到最佳微笑状态。

4. 任务小结

微笑是最常见的面部表情，它是在众多笑的种类中最美的一种笑容。正如一首法国诗中所说："微笑一下并不费力，但它却能产生无穷魅力，受惠者变得富有，施予者也并不贫穷。它转瞬即逝，却往往留下永久的回忆……"所以，对于客运服务人员来说，在工作岗位上保持真诚而甜美的微笑，既可以让旅客感觉到你热爱本职工作的精神面貌，又能让旅客倍感亲切与温暖，从而感染旅客，赢得旅客的满意。

单元5.2 站 姿

站姿即站相，它是人们平时经常采用的一种静态的身体造型，又是其他各种静态或动态的身体造型的基础。"站有站相"是对一个人仪态姿势的最基本要求，优美得体的站姿能衬托出客运服务人员优雅的气质和风度，也是客运服务人员培养仪态美的起点。

 标准站姿

1. 标准站姿的基本要求

头正、肩平、挺胸、收腹、立腰、裹臀、双臂自然下垂，两腿并拢立直，脚跟靠紧。

2. 标准站姿的具体要求

（1）头正，双目平视，嘴角微闭，下颌微收，面容平和自然。

（2）双肩平正放松，稍向下沉。

（3）躯干挺直，挺胸、收腹、立腰。

（4）双臂自然下垂于身体两侧，中指贴拢裤缝，两手自然放松。

（5）双腿立直、并拢，脚跟相靠，两脚尖张开约60°，身体重心落于两脚正中。

二、站姿种类

由于性别的差异,男女的基本站姿不同。女性站姿要有女性"静"的优美感,男性的站姿要有男性"劲"的壮美感。男性和女性客运服务人员在站立姿势方面的差异,主要表现在手位和脚位的差异上。

1. 男性客运服务人员的站姿

(1)体侧式站姿(图5-2)。保持站立的基本姿态:面带微笑,双目平视,收腹挺胸,保持上体端直。手位:双手自然下垂。脚位:双脚呈V字形。

(2)体前握拳式站姿(图5-3)。手位:双手在小腹相握,呈握拳状。具体动作为:右手微握拳,左手五指朝向同一方向握住右手,同时,左手小指靠近右手指根处。脚位:两脚跨立与肩同宽,两脚脚尖微微向外打开,呈小八字状。

(3)体后握拳式站姿(图5-4)。手位:在体前握拳式手位的基础之上,将双手在背后腰际相握,呈握拳状。具体动作为:右手微握拳,左手五指朝向同一方向握住右手,同时,左手小指靠近右手指根处。脚位:两脚跨立与肩同宽,两脚脚尖微微向外打开,呈小八字状。这是男性服务人员常用的站立姿势。

图 5-2　　　　　　　　图 5-3　　　　　　　　图 5-4

2. 女性客运服务人员的站姿

(1)体侧式站姿(图5-5)。保持站立的基本姿态:面带微笑,双目平视,收腹挺胸,保持上体端直。手位:双手自然下垂。脚位:双脚呈V字形。

(2)前合式站姿(图5-6)。手位:右手搭在左手上,双手前四指交叉,呈对称状,两手大拇指藏于虎口之中,合握于腹前。脚位:左脚跟靠在右脚内侧中间,两脚呈"丁"字位。这是女性服务人员常用的站立姿势。

(3)单臂前屈式站姿(图5-7)。手位:左(右)臂弯曲,抬至腰际。左(右)手手心向里,手指自然弯曲;右手自然下垂,均匀吸气。脚位:双脚呈V字形。女性服务人员为客人指引方向时常采用这种站姿。

图 5-5　　　　　　图 5-6　　　　　　图 5-7

三、服务中的站姿

在工作岗位上，当客运服务人员接待服务对象，或者为其提供具体的服务时，在保持基本站姿的基础上，可依照本人的实际情况或工作的实际需要，对站立的具体姿势进行适当的变化。

1. 为人服务的站姿

为人服务的站姿，俗称"接待员的站姿"。站立之时身前没有障碍物挡身、受到他人的注视、与他人进行短时间交谈、倾听他人的诉说等，都是采用这种站立姿势的良好时机。

为人服务站立时，头部可以微微侧向自己的服务对象，但一定要保持面部的微笑。手臂可以持物，也可以自然下垂。在手臂垂放时，从肩部至中指应当呈一条自然的垂线。小腹不宜凸出，臀部同时应当紧缩。其最关键的地方在于：双脚一前一后站成"丁字步"，即一只脚的脚后跟紧靠在另一只脚的内侧；双膝在靠拢的同时，两腿的膝部前后略微重叠。这一站姿看上去较为优雅。

2. 列车上的站姿

当客运服务人员服务旅客时，往往有必要采用一种特殊的站姿。它的基本要求是既要平稳、安全，又要兼顾礼貌与美感。列车上站立时，应当注意以下五个方面：

（1）双脚之间可以以适宜为原则张开一定的距离，重心要放在自己的脚后跟与脚趾中间。不到万不得已，双脚之间的距离不宜宽于肩部。

（2）双腿应尽量伸直，膝部不宜弯曲，而是应当有意识地稍向后挺。

（3）身子要挺直，臀部略微用力，小腹内收，不要驼背弯腰。

（4）双手可以轻轻地相握于腹前，保持步态平稳，但不要摆来摆去，以防碰到旅客。

（5）头部以直为佳，最好目视前方。

四、站姿的禁忌

服务人员在站立时，以下姿态被视为不雅或无礼，应当禁止。

1. 身体歪斜

"立如松"是站姿的基本要求。它说明站姿以身躯直立为美。客运服务人员站立时，若是身躯出现明显的歪斜，不但破坏人体的线条美，而且还会给人颓废萎靡、工作不够积极的感觉。

2. 弯腰驼背

一个人在站立时如果有腰部弯曲、背部弓起、颈部弯缩、胸部凹陷、腹部凸出、臀部撅起等一些不良体态，会显得一个人精神和健康状态不佳。

3. 趴伏依靠

在工作场合中，客运服务人员要确保自己"站有站相"。在站立之际，随随便便地趴在一个地方，或倚靠在墙壁、桌柜边上，都是不允许的（图5-8）。

图 5-8

4. 手位不当

站立时手位不当，会破坏站姿的整体效果。不当的手位主要有：双手抱在脑后；用手托着下巴；双手环抱在胸前；把肘部支在某处；双手叉腰；将手插在衣服或裤子口袋里。

5. 双腿大叉

客运服务人员应切记：在一般情况下，双腿站立时分开的幅度应该越小越好，双腿并拢最好，即使是分开，两腿之间的距离也不可大于肩宽。

6. 脚位不当

在正常情况下，V字步、"丁"字步或平行步等脚位均可采用，但要避免"人"字步、"蹬踩式"等脚位。"人"字步即俗称的"内八字"，指站立时两脚脚尖靠在一起，而脚后跟却大幅度地分开。"蹬踩式"指的是在一只脚站在地上的同时，把另一只脚踩在鞋帮上，或是踏在其他物体上。

7. 半坐半立

在正式场合，必须注意坐立有别，该站的时候就要站，该坐的时候就要坐。在站立之际，绝不可以为了贪图舒服而擅自采用半坐半立之姿。当一个人半坐半立时，不但不好看，而且还会显得过分随便。

8. 浑身乱动

站立是一种相对静止的姿态，故在站立时不宜频繁地变动体位，甚至浑身上下乱动不止。

【实训任务5-2】客运服务人员的站姿练习

1. 任务目的

通过站姿练习，为其他体态的训练打下基础。

2. 任务内容

掌握客运服务人员的基本站姿规范。

3. 任务实施

按照标准训练站姿，可以靠墙训练，后脑勺、双肩、臀部、小腿及脚后跟都紧贴墙壁站立。

（1）背靠背训练。两人一组，背靠背站立，互相将后脑勺、双肩、臀部、小腿及脚后跟靠紧，并在两个人的肩部、小腿等相靠处各放一张纸片，不能让纸片掉下来。

（2）头顶书本训练。颈部自然伸直，下巴向内收，上身挺直，目光平视，面带微笑，把书本顶在头顶，使书本不要掉下来，头、身躯保持平衡。

（3）对镜训练。面对镜子，检查自己的站姿及整体形象，发现问题及时纠正。

4. 任务小结

站姿，是客运服务人员平时所采用的一种静态的身体造型，同时又是其他动态的身体造型的基础和起点，最易表现人的姿势特征。挺拔的站姿能衬托出一个人美好的气质和风度。

单元5.3 走　姿

走姿是一种人体的动态姿势。它以站姿为基础，是站姿的延续动作。正确的走姿能走出风度，走出优雅，走出美，更能显示出一个人的活力与魅力。

  正确的走姿

1. 身直

行走时，头正挺胸，上身应保持挺拔的身姿，两腿直立不僵。

2. 步位直

腿部应是大腿带动小腿，两脚尖略开，脚跟先着地，走出的轨迹要在一条直线上。女性走一字步，男性走平行步。

3. 步幅适度

行走中两脚落地的距离大约为一个脚的长度，即前脚的脚跟距后脚的脚尖相距一个脚的长度为宜，步幅的大小应根据性别、身高、着装与场合的不同而有所调整。

女性在穿裙装、旗袍或高跟鞋时，步幅应小一些；相反，穿休闲长裤时步伐就可以大些，凸显穿着者的靓丽与活泼。

4. 步速平稳

行进的速度应当保持均匀、平稳，不要忽快忽慢，在正常情况下，步速应自然舒缓，显得成熟、自信。

5. 摆臂自然

两肩相平不摇，两腿直立不僵，两臂摆动自然，前后摆幅在 30°～40°，两手自然弯曲，在摆动中离开双腿不超过一拳的距离。

二、走姿禁忌

在日常生活中，常见的错误走姿主要有：

（1）低头看脚尖，给人心事重重、萎靡不振的感觉。

（2）拖脚走，给人拖拖拉拉的感觉。

（3）蹦蹦跳跳，给人心浮气躁、不稳重的感觉。

（4）内八字和外八字，步态不雅。

（5）摇头晃脑、晃臂扭腰、左顾右盼、瞻前顾后会被误解为轻佻、浅薄、故意矫揉造作。

（6）走路时上半身前倾，动作不美又有损健康。

（7）行走时速度过快或过慢，方向不定，或与同伴勾肩搭背、搂搂抱抱，阻挡他人道路，对周围人造成一定的不良影响。

（8）制造噪声。为了使自己的行走不妨碍到他人，行走时应有意识地控制声响。其做法为：一是行走时要轻，落脚不要用力过猛；二是上班时不要穿带有金属鞋跟或钉有金属鞋掌的鞋；三是上班时穿的鞋一定要跟脚，否则走动时会发出噪声。

三、走姿特例

关于走姿，除了要牢记"应该怎么做"和"不应该怎么做"之外，还应了解一些有关走姿的特例。

1. 陪同引导（图 5-9）

陪同，指的是陪伴他人一同行进；引导，则是指在行进中为他人引路。

陪同引导他人时，应注意以下四点：

（1）本人所处方位。如果双方并排行走时，陪同引导人员应居于左侧。如果双方单行行走时，陪同引导人员要居于左前方约一米的位置。当被陪同人员不熟悉行进方向时，陪同者应该走在前外侧。

（2）协调行进速度。陪同人员行走的速度要考虑到和对方相协调，不可以走得太快或太慢。这时候，一定要处处以对方为中心。

（3）及时的关照提醒。每当经过拐角、楼梯或道路坎坷、照明欠佳的地方，都要提醒对方留意。

图 5-9

（4）采取正确的体态。陪同引导他人时，有必要采取一些特殊的体态。如请对方开始行走时，要面向对方，稍微欠身。在行进中和对方交谈或答复提问时，把头部、上身转向对方。

2. 出入房门

进入或离开房间时，要求：

（1）先通报。在出入房间时，特别是在进入房门前，一定要以轻轻叩门、按铃的方式，向房内的人进行通报。

（2）以手开关。出入房门，务必要用手来开门或关门。开关房门时，最好是反手关门、反手开门，并且始终面向对方。用肘部顶、用膝盖拱、用臀部撞、用脚尖踢、用脚跟蹬等方式开门或关门都是不雅的做法。

（3）后入后出。双方一起先后出入房门时，为了表示礼貌，应当自己后进门、后出门，而请对方先进门、先出门。

（4）出入拉门。平时，特别是陪同引导他人时，还有义务在出入房门时替对方拉门或是推门。在拉门或推门后要使自己处于门后或门边，以方便对方的进出。

【单元微课5-2】走姿礼仪

本单元微课请扫描二维码12。

【实训任务5-3】客运服务人员的走姿练习

1. 任务目的

通过走姿练习，为客运服务工作打下基础。

2. 任务内容

掌握规范的行姿，能自纠错误，直至形成习惯。

3. 任务实施

（1）摆臂训练。身体直立，以肩为轴，双臂自然摆动。注意摆动的幅度。

（2）步位步幅训练。在地上画一条直线，行走时检查自己的步位和步幅是否正确。

（3）稳定性练习。将书本放在头顶中心，保持行走时头正、颈直、目不斜视。

（4）协调性训练。配以节奏感较强的音乐，行走时注意掌握好走路的速度、节拍，保持身体的平衡，双臂摆动对称，动作协调。

4. 任务小结

行走时，男女有一定区别：男士步履雄健有力，走平行线，展示出刚健、英武的阳刚之美；女士步履轻捷、娴雅，步伐略小，走直线，展示出温柔、优雅的美感。

单元5.4 坐 姿

坐姿是人在入座后所呈现出的姿势。坐姿与站姿同属一种静态姿势。坐是举止的主要内容之一，无论是伏案学习、参加会议，还是会客交谈、娱乐休息，都离不开坐。坐姿要求"坐如钟"，指人的坐姿像座钟般端直，当然这里的"端直"指上体的端直。正确规范的坐姿要求端庄而优美，给人以文雅、稳重、自然大方的美感。

一 标准坐姿的要求

（1）入座时要轻、稳、缓。走到座位前，转身后轻稳地坐下。女士入座时，若是裙装，应在入座前用手将裙子稍稍拢一下，不要坐下后再拉拽衣裙。正式场合一般从椅子的左边入座，离座时也要从椅子左边离开，这是一种礼貌。女士入座尤要娴雅、文静、柔美。

（2）神态从容自如。嘴唇微闭，下颌微收，面容平和自然。

（3）双肩平正放松，两臂自然弯曲放在腿上，亦可放在椅子或是沙发扶手上，以自然得体为宜，掌心向下。

（4）坐在椅子上，要立腰、挺胸，上体自然挺直。

（5）双膝自然并拢，双腿正放或侧放，双脚并拢或交叠，或成小V字形。

（6）坐在椅子上，应至少坐满椅子的2/3，宽座沙发则至少坐1/2。落座后至少10分钟左右的时间不要靠椅背。时间久了，可轻靠椅背。

（7）谈话时应根据交谈者方位，将上体双膝侧转向交谈者，上身仍保持挺直，不要出现自卑、恭维、讨好的姿态。讲究礼仪要尊重别人但不能失去自尊。

（8）离座时要自然稳当，右脚向后收半步，而后站起。

二 坐姿种类

下面介绍几种正式场合男士和女士常用的坐姿。

1. 男士坐姿

（1）正坐（图5-10）。要求：抬头、挺胸、收腹、沉肩立领，双臂自然下垂，目视前方，面带微笑。双脚垂直于地面，开立，平行，双膝距离不超过肩宽。

（2）前后式（图5-11）。要求：上身保持站立的基本姿态，目视前方，面带微笑。左（右）腿前伸，全脚着地，右（左）脚掌着地。两膝盖分开，双手分别放在两膝盖上。

（3）前交叉式（图5-12）。要求：上身保持站立的基本姿态，目视前方，面带微笑。左（右）腿前伸，右脚踝关节和左脚踝关节交叉。

图 5-10　　　　　图 5-11　　　　　图 5-12

2. 女士坐姿

（1）正坐式（图5-13）。要求：抬头、挺胸、收腹、沉肩立颈，目视前方，面带微笑。上半身与下半身、大腿与小腿、小腿与地面均呈90°角。两膝盖靠紧，双手自然叠放于大腿上。

（2）前后式（图5-14）。要求：上身保持站立的基本姿态，目视前方，面带微笑。左腿前伸，脚尖绷直，右（左）脚放于左（右）脚后方，脚掌着地，左右脚一前一后成直线。左右大腿要紧靠。双手自然叠放于大腿上。

图 5-13　　　　　　　图 5-14

（3）双脚斜放式（图5-15）。要求：上身保持站立的基本姿态，目视前方，面带微笑。两脚及双膝完全并拢，向左斜放或向右斜放，双腿与地面的呈45°角，双脚略向前伸出，可以使女性腿部显得修长。穿着高跟鞋时应使鞋跟着地。膝、小腿、脚掌都必须朝同一方向，小腿之间不能有空隙。双手自然叠放于大腿上。

（4）交叠式（图5-16）。要求：上身保持站立的基本姿态，目视前方，面带微笑。将左（右）腿微向右（左）倾，左（右）侧大腿放在右（左）侧大腿上，脚尖朝向地面，切忌左（右）脚脚尖朝上或抖动。双手自然叠放于大腿上。

图 5-15　　　　　　　图 5-16

三、坐姿禁忌

在他人面前落座，一定要遵守坐姿礼仪的基本规定，不要采用犯规的坐姿。

图 5-17

（1）双腿之间的距离过大。不论是大腿还是小腿之间的距离过大，都是极为失态的。特别是穿裙装的女士必须要牢记这点。

（2）双腿直伸出去。双腿直伸出去既不雅，又给人满不在乎的感觉。身前如果有桌子，双腿尽量不要伸到外面去。

（3）抖腿。抖腿不仅让人心烦意乱，而且也给人极不安稳的印象。

（4）脚尖指向他人。国外认为这是骂人的举动。

（5）架腿方式欠妥（图5-17）。架腿的正确方式是，两条大腿相架，并且一定要并拢。如果将一条腿架到另一条腿上，两腿之间还留出很大的空隙，显得有些过于放肆。

（6）手部姿势不当。就座后，将手放于桌下或支于桌上都是不够礼貌的做法。同样将手抱在腿上或夹在腿间都是不可取的做法。

【实训任务5-4】客运服务人员的坐姿练习

1. 任务目的

通过坐姿的练习，为客运服务工作打下基础。

2. 任务内容

掌握规范的坐姿，能自纠错误，直至形成习惯。

3. 任务实施

（1）两人一组，面对面练习，并指出对方的不足。

（2）坐在镜子前，按照坐姿的要求进行自我纠正，重点检查手位、脚位、腿位。

4. 任务小结

坐姿文雅、端庄，不仅给人以沉着、稳重、自然大方的美感，而且也是展现自己气质与修养的重要形式。

单元5.5 蹲 姿

蹲姿是由站姿转变为两腿弯曲和身体高度下降的姿势，是相对静止的体态。蹲姿是人们在比较特殊的情况下采用的一种暂时性的体态。

一、适用情况

客运服务人员一般在以下几种特殊情况中采用蹲的姿势。

（1）整理着装。有时客运服务人员整理着装，如自己的鞋袜，可以采用蹲的姿势。

（2）捡拾物品。这是采用蹲姿最多的情况之一。

（3）提供服务。当客运服务人员的服务对象是儿童或是坐着的客人时，采用站姿服务会既不方便又显得服务人员居高临下，此时可采用蹲姿。

（4）整理工作环境。在对自己的工作环境进行整理时，如打扫列车卫生，需要采用蹲姿。

二、标准蹲姿

1. 高低式（图5-18、图5-19）

高低式蹲姿，是客运服务人员平日所用最多的一种蹲的姿势。它的基本特征是双膝一高一低。主要要求为：下蹲时，左（右）脚在前，右（左）脚稍后。左（右）脚应完全着地，小腿基本垂直于地面；右（左）脚则应脚掌着地，脚跟抬起。此刻右（左）膝须低于左（右）膝，右（左）膝内侧可靠于左（右）小腿的内侧，形成左（右）膝高右（左）膝低之态。女性应靠紧两腿，男性则可适度地将其分开。臀部向下，基本上以右（左）腿支撑身体。男性客运服务人员在工作时选用这一方式，往往更为方便。

2. 半跪式（图5-20、图5-21）

半跪式蹲姿属于一种非正式的蹲姿，多适用于下蹲时间较长，或为了用力方便时。要求是双腿一蹲一跪。下蹲之后，一腿单膝着地，脚尖着地，臀部坐在脚跟之上；另一腿则应全脚着地，小腿垂直于地面；女性应尽力靠拢双腿。

图 5-18　　　　　　图 5-19

3. 交叉式（图5-22）

交叉式蹲姿主要适用于女性，尤其是适合身穿短裙的女士在公众场合采用。要求是蹲下后双腿交叉在一起。下蹲时，右（左）脚在前，左（右）脚在后，右（左）小腿垂直于地面，全脚着地；右（左）腿在上，左（右）腿在下，两腿交叉重叠；左（右）脚跟抬起，脚掌着地；两腿前后靠近，合力支撑身体；上身略向前倾，臀部朝下。

图 5-20　　　　　图 5-21　　　　　图 5-22

三　蹲姿禁忌（图5-23、图5-24）

（1）突然下蹲。蹲下时切忌速度过快。
（2）离人过近。在下蹲时，应与他人保持一定距离，以免因距离过近与他人相撞。
（3）方位失当。在他人身边下蹲时最好侧身相向，避免正面对人或背部对人。
（4）毫无遮掩。女士下蹲时注意遮掩容易暴露之处。
（5）随意滥用。在公众场合，不要随意滥用蹲姿。

图 5-23　　　　　　　　　　图 5-24

【实训任务5-5】 客运服务人员的蹲姿练习

1. 任务目的
通过蹲姿的练习，为客运服务工作打下基础。

2. 任务内容
掌握规范的蹲姿，能自纠错误，直至形成习惯。

3. 任务实施
（1）面对镜子进行训练。
（2）练习在行进过程中的捡拾物品。

4. 任务小结
蹲姿在工作和生活中用的相对不多，但最容易出错。客运服务人员，尤其是女性客运服务人员着裙装时，在拿取地上的物品或拾起落在地上的东西时，不妨使用下蹲和屈膝的动作，这样可以避免弯曲上身和撅起臀部，以免尴尬。

单元5.6　欠　身

欠身是一种表示致意的举动，常常用在别人将你介绍给对方，或是主人向客人奉茶时。

行欠身礼时，应以腰为轴，上体前倾15°即可。行礼时应面带微笑注视对方。如果是坐着，欠身时可以稍微起立，不必站起来，也就是俗话说的"欠欠屁股"（图5-25）。

图 5-25

【单元微课 5-3】欠身鞠躬礼仪

本单元微课请扫描二维码 13。

二维码13
欠身鞠躬礼仪

【实训任务 5-6】客运服务人员的欠身练习

1. 任务目的
通过欠身的练习，掌握正确的欠身礼仪规范。

2. 任务内容
掌握规范的欠身，能自纠错误，直至形成习惯。

3. 任务实施
（1）学生两人一组，一人扮演客运服务人员，另一人扮演旅客。
（2）扮演客运服务人员的学生行欠身礼，扮演旅客的学生对搭档做的欠身礼进行评价。
（3）两个人互换角色。

4. 任务小结
当客运服务人员坐着时，为来到或路过身边的人，稍微抬一下身子。具体动作为：上身同时向上向前移动，做出要站起来的姿势，但未完全站起，动作不宜快，一两秒之后恢复到原来的姿势，显得谦让、重视、尊敬对方。

客运服务人员站立服务时，当旅客从身边经过时，要恰到好处地使用欠身礼。

单元 5.7 鞠 躬

鞠躬即弯身行礼，源于先秦时期，是一种古老而文明地对他人表示尊敬的郑重礼节。它既适用于庄严肃穆或喜庆欢乐的仪式，又适用于普通的社交和商务活动场合。

一、鞠躬的方法

鞠躬前以基本服务站姿为基础，面带微笑，神态自然。鞠躬时要挺胸、抬头、收腹，自腰以上向前倾。上身下弯时，首先看对方的眼睛，然后再看对方的脚，抬起上身后再次注视对方的眼睛。鞠躬礼毕后上身抬起的速度要比下弯时稍慢一些。

二、鞠躬的分类

按照上身倾斜角度的不同可以将鞠躬分为以下三种类型：

一度鞠躬：上身倾斜角度约为30°，表示致意，用于一般的服务性问候（图5-26）。

二度鞠躬：上身倾斜角度约为45°，表示向对方敬礼，常用于重要活动、重要场合中的问候礼节（图5-27）。

图 5-26

图 5-27

三度鞠躬：上身倾斜角度约为90°，表示向对方深度敬礼和道歉，常用于中国传统的婚礼、追悼会等正式仪式。

三种行礼方式适用于不同的情况，在日常工作中，客运服务人员最好使用一度鞠躬；在参加重要活动、接待重要来宾时可以选择使用二度鞠躬；三度鞠躬在服务工作中较少使用。

三 鞠躬的礼规

（1）鞠躬时目光应该向下看，以表示谦恭的态度，切勿一边鞠躬一边翻起眼睛看着对方。

（2）鞠躬时，嘴里不能吃东西或叼着香烟。

（3）鞠躬礼毕，双眼应该有礼貌地注视对方。

（4）若是迎面相遇，鞠躬后向右边跨出一步，给对方让路。

【实训任务5-7】 客运服务人员的鞠躬练习

1. 任务目的

通过鞠躬的练习，掌握正确的鞠躬礼仪规范。

2. 任务内容

掌握规范的鞠躬礼，能自纠错误，直至形成习惯。

3. 任务实施

（1）学生两人一组，一人扮演客运服务人员，另一人扮演旅客。

（2）扮演客运服务人员的学生行鞠躬礼，扮演旅客的学生对搭档进行评价。

（3）两个人互换角色。

4. 任务小结

行鞠躬礼时，眼神在脚前1~1.5米处左右；男士不可使用丁字步行鞠躬礼；先言后礼，先说礼貌用语再行鞠躬礼。

单元5.8 手　势

作为仪态的重要组成部分，应该正确地使用手势。俗话说："心有所思，手有所指。"手的魅力并不亚于眼睛，甚至可以说手是人的第二双眼睛。手势表现的含义非常丰富，表达的感情也非常微妙复杂。手势也是人们交往时不可缺少的动作，是最有表现力的一种"体态语言"，恰当地运用手势表情达意，会为交际形象增辉。

一 常用手势

1. 正常垂放

正常垂放指站立时双手垂放的手势。一般情况下，它是客运服务人员使用最多的手势之一。具体做法有以下六种：

（1）双手指尖朝下，掌心向内，在手臂伸直后分别紧贴于两腿裤线之处（图5-28、图5-29）。

图　5-28　　　　　　　图　5-29

（2）双手伸直后自然相交于小腹处，掌心向内叠放在一起（图5-30、图5-31）。

图　5-30　　　　　　　图　5-31

（3）双手相握，一只手在上，一只手在下，提至上腹部（图5-32、图5-33）。

图　5-32　　　　　　　图　5-33

（4）一只手略为弯曲，掌心向内搭在小腹前，另一只手掌心向外，置于身后腰际处（图5-34、图5-35）。

图 5-34　　　　　　　图 5-35

（5）一只手贴于裤线自然垂放，另一只手则略为弯曲，掌心向内搭在小腹前（图5-36、图5-37）。

图 5-36　　　　　　　图 5-37

（6）一只手贴于裤线自然垂放，另一只手掌心向外，置于身后腰际处（图5-38、图5-39）。

图 5-38　　　　　　　图 5-39

2. 递接物品（图 5-40）

递接物品时，应注意如下问题：

（1）双手为宜。不方便双手并用时，也要使用右手，使用左手通常视为无礼。

（2）方便接物。将有文字的物品递交他人时，须使之正面面对对方（图 5-41）。

图 5-40　　　　　　　图 5-41

（3）尖、刃向内。将带尖、带刃或其他易于伤人的物品递他人时，切勿以尖、刃直指对方（图 5-42）。

（4）递于手中。递给他人的物品，以直接交到对方手中为好。

（5）主动上前。若双方相距较远，递物者理当主动走近接物者（图 5-43）。

图 5-42　　　　　　　图 5-43

3. 手持物品（图 5-44）

客运服务人员在持物服务时，对于稳妥、自然、到位等三个方面的问题，应给予高度关注。

（1）稳妥。手持物品时，可根据其具体重量、形状以及易碎与否，采取不同的手势。既可以使用双手，也可以只用一只手。但是，最重要的是要确保物品的安全，尽量轻拿轻放，同时也要防止伤人或伤己。

（2）自然。手持物品时，客运服务人员可依据本人的能力与实际需要，酌情采用拿、捏、提、握、抓、扛、夹等不同的姿势。但是一定要避免在持物时手势夸张、"小题大做"，失之于自然美。

（3）到位。有不少物品，在需要手持时，应当将手置于一定之处，这就是持物到位的含义。例如，箱子应当拎其提手，杯子应当握其杯耳。持物时手部未能到位，不但不方便，而且也很不好看。

4. 指示方位

（1）前伸式：即手臂由体侧向小腹前方摆动，手掌和地面呈 45° 角，指尖指向引导或指示的方向。前伸式适用于面对面服务（图 5-45）。

（2）提臂式：小臂从身体一侧直接提起，手掌和地面呈 45° 角。提臂式适用于近距离指引（图 5-46）。

图 5-44　　　　　　图 5-45　　　　　　图 5-46

（3）直臂式：要求手臂向外侧横向摆动，指尖指向前方，与提臂式不同的是，它要将手臂抬至肩高，而非齐胸。直臂式适用于远距离或室外指引（图 5-47）。

（4）曲臂式：其姿式为手臂弯曲，由体侧向前摆动，手臂高度在胸以下。请人进门时可采用此方式（图 5-48）。

（5）斜臂式：分为斜上方摆出和斜下方摆出，多适用于指示物品或关照提醒（图 5-49、图 5-50）。

图 5-47　　　　　　图 5-48　　　　　　图 5-49

（6）横摆式：即手臂向外侧横向摆动，指尖指向引导或指示的方向。多用于请人行进时指示方向或双方介绍时所用（图 5-51）。

图 5-50　　　　　　　　　　　　　　　　图 5-51

以上四种常用手势，俱为仅用一只手臂。另一只手臂此时最佳的位置，应为垂在身体一侧，或背于身后。

5. 招呼他人

在招呼他人时，必须牢记两点：一是要使用手掌，而不能仅用手指；二是要掌心向上，而不宜掌心向下。

6. 举手致意

举手致意多用于向他人表示问候、致敬、感谢之意。举手致意的正确做法涉及以下四点：

（1）面向对方。举手致意时，应全身直立，面向对方。至少上身与头部要朝向对方。在注视对方时，应面带笑容。

（2）手臂上伸。致意时手臂应自下而上向侧上方伸出，手臂既可略有弯曲，也可全部伸直。

（3）掌心向外。致意时应掌心向外，即面对对方，指尖朝向上方。

（4）切勿乱摆。致意时不应自上而下或左右两侧来回摆动。

在举手致意时，与之相伴的相关言辞一般是"您好"，这句招呼语简洁明了，同时又是对他人的一种祝福。随着人际交往越来越频繁，一声节奏明快的"您好"适用于不同社会群体的任何人。

7. 与人握手

在日常的社会交往中，握手早已经成为一种习以为常的礼节。通常，与人初次见面、熟人久别重逢、恭贺、致谢、告辞或送行等均以握手表示自己的善意，因此，掌握正确、礼貌的握手礼仪可以促进人与人之间的感情关系（图 5-52）。

（1）握手方式可分为两种，单握式和双握式。

单握式握手又称平等式握手，这是最普通的握手方式。具体动作为：距受礼者约一步，两脚立正或脚尖打开成八字形，上体稍前倾，肘关节微曲抬至腰部，伸出右手，手掌应与地面垂直，以手指稍用力握住对方手掌，上下摇动 3~5 下，面带微笑注视对方。

双握式握手通常传递的是一种热情真挚、尊敬感激之情。握手时，主动握手者用右手握住对方的右手，左手握住对方右手的手背处。

图 5-52

（2）握手的次序。根据礼仪规范，握手时双方伸手的先后次序应当遵守"尊者决定"的原则，即在两人握手时，各自首先应确定握手双方彼此的身份，然后以此决定伸手的先后次序。切不可贸然抢先伸手。

握手时双方伸手的先后次序大体包括以下几种情况：

①上级与下级握手，应由上级首先伸手。

②年长者和年幼者握手，应由年长者首先伸手。

③长辈与晚辈握手，应由长辈首先伸手。

④女士与男士握手，应由女士首先伸手。

⑤已婚者与未婚者握手，应由已婚者首先伸手。

⑥社交场合的先至者与后来者握手，应由先至者首先伸手。

（3）握手的礼仪要注意以下几方面：

①握手时不能把身体站得太直，给人一种傲慢的感觉。

②握手时要注视对方，面带微笑。

③握手时力度均匀适中。

④握手时间应为 3~5 秒。

⑤握手时要适当赞美对方。

⑥握手时双方均伸出一只手相握，是一般的礼貌表现，假如两只手握住对方的一只手，更显得真挚热情。

⑦拒绝与对方握手是无礼的，但手上有水或不干净时，应谢绝握手，并解释道歉。

（4）握手的禁忌有以下几方面：

①握手时忌用左手与他人相握，尤其对阿拉伯人、印度人来说，左手是不洁的。

②握手时忌戴着手套与他人相握。只有女士在社交场合戴着薄纱手套与人握手，才是被允许的。

③与多人握手时忌交叉相握，握手时手成交叉状，基督教信徒认为这种类似于十字架的形状，是很不吉利的。

④握手时忌用不洁或患有传染性疾病的手与人相握。

⑤在任何情况下，不要拒绝与他人握手。

8. 挥手道别

挥手道别是与人互道再会时所用的常规手势。采用这一手势时应注意以下五点：

（1）身体站直，不要摇晃或走动。

（2）目视对方。手势即便再标准，不看道别对象，东张西望或眼看别处，也会被理解为目中无人。

（3）可用右手，或双手并用，不要只用左手挥动。

（4）手臂前伸。道别时，可用右手，也可双手并用，手臂不要伸得太低或过分弯曲。

（5）掌心向外。指尖朝上，手臂左右挥动，或两手同时由外侧向内侧挥动，不要上下摇动或举而不动。

在挥手道别的用语上，常伴以"请回""请留步"等语言，对方则以"慢走""恕不相送"等语言回应。如果道别一方是远行，可说"祝你一路顺风""一路平安"等告别语。

二、避免不良手势

客运服务人员在使用手势时，以下几种手势应避免使用，否则，将会给对方传达出不良的信息。

（1）指指点点。不允许随意用手指对着他人指指点点，与人谈话时尤其不要这样做，用手指指点对方的面部，特别是指着对方的鼻尖，更是对对方的不恭敬（图5-53）。

（2）随意摆手。不要随意向对方摆手，摆手的一般含义是拒绝别人，有时还有极不耐烦之意。

（3）双臂环抱胸前。这一姿势往往暗含孤芳自赏之意。在他人面前有如此表现，自然会令人心情不快（图5-54）。

（4）双手抱头。双手抱头的本意是自我放松，这么做会给人以目中无人的感觉。

（5）摆弄手指。反复摆弄自己的手指会给人以歇斯底里之感。

（6）手插口袋。工作中如果把一只手或双手插在口袋里，会给人以忙里偷闲，工作并未竭尽全力之感（图5-55）。

图 5-53

图 5-54

图 5-55

（7）搔首弄姿。在公众场合上整理自己的服饰，或为自己梳妆打扮，会给人矫揉造作、当众表演之感，还会令人觉得不够专心致志。

【单元微课 5-4】手势礼仪

本单元微课请扫描二维码14。

【实训任务 5-8】客运服务人员的手势练习

1. 任务目的
通过手势的练习，掌握客运服务工作中正确的手势礼仪规范，能够在公众场合做到举止端庄稳重、落落大方。

2. 任务内容
掌握规范的手势礼仪，能自纠错误，直至形成习惯。

3. 任务实施
（1）分组训练。
（2）设置情境，分角色扮演，在情境中训练并应用各种手势。

4. 任务小结
俗话说"心有所思，手有所指"。手的魅力并不亚于眼睛，甚至可以说是人的第二双眼睛。手势在使用过程中要做到简洁明快、幅度适度、自然得体、协调一致、因人而异。作为仪态的重要组成部分，正确使用手势传情达意，会为客运服务形象增辉。

一、填空题

1. 仪态是指一个人的姿态和风度，它包括站姿、_____、_____、_____、手势和_____。
2. 男性客运服务人员的站姿有：_____、_____和_____。
3. 女性客运服务人员的站姿有：_____、_____和_____。
4. 站姿的禁忌有：身体歪斜、_____、趴伏倚靠、_____、手位不当、_____、_____和浑身乱动。
5. 男士的坐姿可以分为_____、_____和_____三种。

6. 女士的坐姿可以分为_____、_____、_____和_____四种。

7. 蹲姿适用的场合为：_____、_____、_____和_____。

8. 女士的标准蹲姿可以分为_____、_____和_____三种。

9. 递接物品的礼仪为_____、_____、_____、_____、_____。

二、选择题（根据每小题后面给出的答案，选择一个或几个正确答案，把选项填在每小题后面的括号中）

1. 以下关于站姿的说法不正确的是（   ）。
    A. 抬头挺胸、含颚、收腹、提臀，双肩自然下垂
    B. 男性客运服务人员双脚分开，比肩略宽
    C. 女性客运服务人员双脚呈 V 字形或"丁"字状站立
    D. 女性客运服务人员双手交叉放于腹前，男性客运服务人员双手交叉放于腹前或体后

2. 要想保持优雅的坐姿，不能做的行为是（   ）。
    A. 将手肘张开置于扶手上   B. 脚尖与小腿同向
    C. 身体垂直于地面   D. 身体朝向前方

3. 下列女性客运服务人员坐姿错误的是（   ）。
    A. 立腰挺胸，上体自然挺直
    B. 双肩平正放松，两手自然交叠于工作台上或自然弯曲放在并拢的大腿上
    C. 坐椅边，斜靠椅背，跷腿抖动
    D. 双膝自然并拢，双腿正放或侧放

4. 双腿交叉在一起，比较适合女性客运服务人员，尤其适合穿短裙的女性客运服务人员的是（   ）。
    A. 交叉式蹲姿   B. 高低式蹲姿
    C. 半蹲式蹲姿   D. 半跪式蹲姿

5. 高低式蹲姿（以右脚在前为例）要求右脚向身体正前方迈出一步，顺势下蹲，左膝低于右膝，身体重心放于（   ）上。
    A. 左腿   B. 右腿   C. 双腿   D. 臀部

6. 下列走姿不正确的是（   ）。
    A. 上下楼梯、过楼道右侧通行，纵队排列
    B. 出入办公区、会议室轻声慢步，不影响他人
    C. 弯腰弓背，把手插在口袋
    D. 需要交谈时应靠路边谈话，不在路中间或人多拥挤的地方谈话

7. 铁路旅客运输服务人员为旅客引导带路时，距离旅客（   ）为宜。
    A. 2米左右   B. 1米左右   C. 1.5米左右   D. 0.5米左右

8. 递接物品时，错误的做法是（   ）。
    A. 双手为宜。一般情况下，递接物品应该采用双手；在特殊情况下，无法采用双手时应该使用右手递接。

B. 递于手中。给旅客递送物品的时候，一定要直接递于对方的手中，同时配以相应的语言。例如，"根据您的要求，……"。
C. 如果与旅客距离较远，客运服务人员应等旅客主动上前。
D. 客运服务人员给旅客递送物品时，应注意方便旅客接拿。

三、判断题（下面的语句表述是否正确，请在每句话后面的括号中填写"正确"或"错误"）

1. 客运服务人员在陪同引导时应走在旅客右前方大约1.5米处。（   ）
2. 陪同人员行走的速度要考虑到与对方行进的速度相协调。（   ）
3. 行走时，两臂摆动要自然，前后摆动的幅度在15°至30°之间。（   ）
4. 铁路旅客运输服务人员在使用坐姿时应该从左侧入座并出座。（   ）
5. 直臂式的手势适用于近距离指引。（   ）
6. 为了表示对旅客的热情，握手的时间可以控制在15秒左右。（   ）

四、简答题

1. 正确的站姿要领有哪些？
2. 正确的走姿要求有哪些？
3. 走姿的禁忌有哪些？
4. 标准的坐姿要求如何？
5. 坐姿的禁忌有哪些？
6. 欠身与鞠躬有什么区别？

五、论述题

1. 试论述客运服务工作中塑造规范敬人的仪态形象的重要性。
2. 试论述不同服务情境中应该使用何种手势，具体的礼仪规范是如何规定的？

模块 6

客运服务人员的语言礼仪

学习目标

1. 掌握客运服务人员常用礼貌用语的基本类型。
2. 掌握客运服务人员使用文明用语的要求。
3. 理解在客运服务中,客运服务人员注重使用文明用语的意义。
4. 掌握客运服务人员声音美的要求。

内容概要

语言是表达思想,传递感情的重要工具,人与人之间的联系、交流都得借助语言这一工具才能实现。客运工作就是和人打交道的工作,就是在与旅客的交往中来实现自己的工作任务的。因此,提高运用语言的能力是做好客运服务工作的必要条件。通过本模块的学习,使学生更快捷地掌握与旅客交流中的服务语言礼仪规范,从而在服务中,让旅客感受到高品质的服务,以赢得旅客的满意。

建议课时

2 课时

单元 6.1 常用礼貌用语

礼貌用语就是我们通常所说的礼貌语,属于语言交际的范畴。俗话说:"一句话能把人说笑,一句话也能把人说跳。"因此,在工作中,客运服务人员的一句话说得好与坏,就成了服务工作中的一大关键,客运服务人员要想懂得怎样协调与旅客的关系,就必须先要学习说话的艺术。加强说话的训练,不但可以提高客运服务人员的工作质量,而且也可以增加人格魅力,因此,我们要学习什么时候说什么话,怎样说才能得体。那么,在具体的工作中,说话时应当注意以下问题。

 "十字"礼貌用语

一般情况下,客运服务人员与服务对象进行交谈时,经常使用的有"十字"礼貌用语。

1. "您好"

"您好"是表示敬意与关切的问候语，一般用于主动服务他人、他人有事求助于自己时、他人进入自己的服务区域时、他人与自己相距过近时、双方四目相对时或者自己主动与他人进行联络时。也可以根据不同的时间改为"早上好""下午好"或"晚上好"等。

2. "请"

"请"是请托语，可以单独使用，也可以搭配其他词语，并伴以恰当的手势。通常在请求别人做某事时、表示对他人关切或安抚时、表示谦让时、希望他人谅解时或要求对方给予配合时，都要"请"字当头。例如，"请您帮我一个忙""请您稍后""请原谅"等。

3. "谢谢"

"谢谢"是礼貌地表示感激的致谢用语。是获得他人帮助时、得到他人支持时、赢得他人理解时、感到他人善意时、受到他人赞美时、婉言谢绝他人时的礼貌致谢语。

使用"谢谢"时，应面带微笑，目光注视对方。致谢应发自内心，绝不可流露出丝毫的敷衍，也不要介意服务对象在我们说过"谢谢"后毫无反应，实际上，服务对象内心已然感受到了客运服务人员致谢的诚意。有时也可使用加强式的语气，如"非常感谢"。在必要时，还应解释一下致谢的原因，这样不至于令对方感到茫然或不解。

4. "对不起"

"对不起（抱歉）"是一句重要的道歉语，在工作中，由于各种原因而给他人带来不便，或妨碍、打扰对方时，客运服务人员应及时真诚地向对方表达自己的歉意。"对不起"常与其他礼貌用语或其他语句组合使用，如"对不起，打扰您了""抱歉，给您添麻烦了"等。

5. "再见"

"再见"是人们在分别时常用的一句告别语，也可根据时间、地点的不同添加或改变词语，如"下午见""明天见""留步""慢走""走好""注意安全"等。需要注意的是，说"再见"时应面带微笑，目视对方，如有必要可借助动作进一步表达依依惜别、希望重逢的意愿，如握手礼、鞠躬、挥手等。

二 客运服务人员常用礼貌语

在人际交往的过程中，恰到好处地使用礼貌用语，可以表现出亲切、友好、和蔼与善意，还能够传递对交往对象尊重、敬佩的信息，因此将有助于相互产生好感，互相达成谅解。在服务岗位上，准确而适当地运用礼貌用语，是对客运服务人员的一项基本要求，同时，也是做好本职工作的基本前提之一。根据特定的使用场合，服务人员常用的礼貌用语可划分为以下几大类。

1. 问候用语

问候是向对方询问安好，致以敬意，或者表示关切之意。在工作岗位上，一般要求客运服务人员对问候用语勤而不怠。在服务工作中，自然应当由客运服务人员首先向服务对象进行问候。如果被问候者不止一个人，则客运服务人员对其进行问候时，有两种方法可循。一是统一对其进行问候，"大家好""各位午安"。二是采用"由尊而卑"的礼仪惯例，先问身份高者，然后问身份低者。

在问候他人时，具体内容应当既简练又规范。通常适用于客运服务人员的问候用语主要分为以下两种：

（1）标准式问候用语。所谓标准式问候用语，即直接向对方问候。其常用于问好之前，使用时要加上适当的人称代词，或者其他尊称。例如，"你好""您好""各位好""小姐好""先生好""王科长好"。

（2）时效式问候用语。所谓时效式问候用语，即在一定的时间范围之内才有作用的问候用语。其常用于问好、问安之前，使用时要加上具体的时间，或者在两者之前加上尊称。例如，"早上好""各位下午好""小姐早安""范老师晚上好"。

"您好"这两个字包含了尊重、友情和亲切感。不论在何种场合，问候时表情应当自然、和蔼、亲切，脸上带着温和的微笑。

2. 迎送用语

迎送用语，主要适用于客运服务人员在工作岗位上欢迎或送别服务对象。迎送用语又划分为欢迎用语与送别用语。应当强调的是，在服务过程中，客运服务人员不但要自觉地采用迎送用语，而且欢迎用语、送别用语必须一并使用。做到了这一点，才能使自己的礼貌待客有始有终、自始至终。

（1）欢迎用语，又叫迎客语。常用的欢迎用语有："欢迎光临""欢迎您乘坐本次列车"。

（2）送别用语，又叫告别用语。常用的送别用语有："再见""明天见""祝您旅途愉快""欢迎再来""一路平安""欢迎再次乘坐××次列车"。

送别用语一定不要忘记使用，千万不要在对方离去时默不作声。

3. 感谢用语

在人际交往中，使用感谢用语，意在表达自己的感激之意。适当地运用致谢用语，可以使自己的心意为他人所接受，而且也可以展示本人的修养。但若是应当道谢之时却不说一句致谢用语，则会使人极为不快，甚至产生反感。

致谢用语有以下三种形式：

（1）标准式致谢用语。标准式致谢用语通常只包括一个词语——"谢谢"。在任何需要致谢之时，均可采用此种致谢形式。

但在某些情况下，如有必要，在使用标准式致谢用语向人道谢时，还可在其前后加上尊称或人称代词，如"陈先生，谢谢""谢谢，王科长"，这样做可使其对象性更明确。

（2）加强式致谢用语。有时，为了强化感谢之意，可在标准式致谢用语前，加上某些副词。此即所谓的加强式致谢用语。对其若运用得当，往往会令人感动。最常用的加强式致谢用语有："十分感谢""万分感谢""非常感谢""多多感谢""多谢"。

（3）具体式致谢用语。具体式致谢用语一般是因为某一具体事宜而向人致谢。在致谢时，致谢的原因通常一并提及。例如，"有劳您了""让您替我们费心了""上次给您添了不少麻烦""那件事情太让您为我费心了"。

客运服务人员常用的致谢用语有："谢谢您的理解""谢谢您的合作""谢谢您的鼓励""谢谢您的夸奖""感谢您的帮助""谢谢您的提醒""谢谢您的夸奖，这是我们应该做的""谢谢，这是我们的职责"等。

在交往中，"谢谢"并非客套话。这是个很有魔力的词汇，能正确地运用这两个字，就会使你的语言充满魅力。无论别人为你做了什么，你都要说声"谢谢"。谢谢必须是诚心

的。你确实有感谢对方的愿望再去说它,并赋予它感情。道谢时,应注视着被谢者,要及时注意对方的反应。

4. 请托用语

请托用语,通常指的是请求他人帮助时,使用的专项用语。在工作岗位上,任何服务人员都免不了可能会有求于人。不管是需要理解,还是寻求帮助,诚恳地使用请托用语,对于广大客运服务人员而言都是非常必要的。

请托用语有以下三种形式:

(1)标准式请托用语。标准式请托用语主要是一个"请"字。当客运服务人员向服务对象提出某项具体要求时,只要加上一个"请"字,往往很容易为对方所接受。如"请稍候""请让一下"等。

(2)求助式请托用语。最常用的求助式请托用语有:"劳驾""拜托""打扰""借光",等等。其往往是在向他人提出某一具体的要求时,如请人让路、请人帮忙、打断别人的交谈时,才被使用。

(3)组合请托用语。标准式请托用语和求助式请托用语混合在一起使用,如"请你帮我一个忙""劳驾您替我扶一下东西"等。

5. 征询用语

在服务过程中,客运服务人员需要以礼貌的语言向服务对象进行征询。在进行征询时唯有使用必要的礼貌用语才会取得良好的反馈。征询语,就是客运服务人员此时应当采用的标准礼貌用语。主要征询用语有:"需要帮忙吗?""您有什么事情吗?""我能为您做点儿什么?"等。

上述这些话都表达征询意思,主动关心别人,既热情又有礼貌。要帮助别人做些事,当然是好事,但即使如此,也还是要征询一下对方的意见。

6. 应答用语

应答语,在此特指客运服务人员在工作岗位上服务于他人时,用来回应服务对象的招呼,或者在答复其他询问时,所使用的专门用语。

在服务工作中,客运服务人员所使用的应答用语是否规范,往往直接反映了其服务态度、服务技巧和服务质量。客运服务人员在使用应答用语时,基本的要求是:有问必答、灵活多变、热情周到、尽力相助、不失恭敬。应答用语有以下三种形式:

(1)肯定式应答用语。肯定式应答用语主要用来答复服务对象的请求。重要的是,一般不允许客运服务人员对服务对象只说一个"不"字,更不允许对其置之不理。这类应答用语主要有:"好的""好的,我明白您的意思""随时为您效劳""听候您的吩咐""很高兴能为您服务""谢谢您的好意""我会尽量按照您的要求去做""一定照办"等。

(2)谦式应答用语。当服务对象对于客运服务人员的服务表示满意,或者是直接对客运服务人员进行口头表扬、感谢时,一般宜用此类应答语进行应答,主要有:"请不必客气""这是我的荣幸""这是我们应当做的""请多多指教""您过奖了"等。

(3)谅解式应答用语。在服务对象因故向客运服务人员致以歉意时,应及时予以接受,并表示必要的谅解,如"不要紧""没有关系""不必,不必""我不会介意的"等。

7. 赞赏用语

赞赏用语,主要适用于人际交往中称道或者肯定他人之时。及时而恰当的赞赏,不但可以激励别人,也可以促进和改善双方之间的人际关系。客运服务人员在工作岗位上对服

务对象使用赞赏用语时,讲究的主要是少而精和恰到好处。在实际运用中,赞赏用语有三种形式:

(1)评价式赞赏用语。其主要用于客运服务人员对服务对象的所作所为,在适当之时予以评价之用,如"太好了""真不错""对极了""太合适了""非常出色"等。

(2)认可式评价用语。当服务对象发表某些见解之后,往往需要由客运服务人员对其是非直接做出评价。在对方的见解的确正确时,一般应对其做出认可,如"还是您懂行""看来您一定是一位内行""真是您说的那么回事""没错,没错"等。

(3)回应式赞赏用语。主要适用于服务对象夸奖客运服务人员之后,由后者回应对方时使用,如"哪里,哪里,我做的还很不够""我做得不像您说的那么好""承蒙夸奖,真是不敢当,不过得到您的肯定,的确让我开心"等。

8.道歉用语

在工作中,因种种原因而带给他人不便,或妨碍、打扰对方时,客运服务人员必须及时向对方表达自己的歉意。最常用的道歉用语有:"抱歉""对不起""请原谅""失礼了""不好意思""很是惭愧""真过意不去""请原谅,这是我的失误"等。

对于道歉用语的使用,不要羞于启齿,不论在谁面前,该道歉时就道歉。一句道歉语就会把出现的冲突,改变成祥和的结局。

"对不起"这三个字看起来简单,它却是调和双方可能产生的紧张关系的一贴灵药。"对不起,您可以替我把拖盘递过来吗?"在客运服务人员的工作中,这三个字的用途真是太多了。如果在工作中懂得如何妙用这三个字,我们的生活将会减少很多不愉快。

以上是在客运服务工作中,应自觉使用的礼貌用语,只有这样,我们所说出的话才是谈吐文雅、语调柔和、语气亲切的。这正是俗话所说的"一句话使人笑,一句话使人跳"。

【单元微课6-1】常用礼貌语及用语规范

本单元微课请扫描二维码15。

【实训任务6-1】常用礼貌用语练习

1.任务目的
通过实训,熟练掌握常用礼貌用语。
2.任务内容
展示在不同服务场景中的礼貌用语的运用。
3.任务实施
(1)分成若干小组,每组两人,一人扮演客运服务人员,一人扮演旅客。
(2)选择不同的服务场景,恰到好处地使用所学的礼貌用语。
①做到"十字"礼貌用语不离口。

②根据服务场景，有选择地使用问候用语、迎送用语、感谢用语、请托用语、征询用语、应答用语、赞赏用语、道歉用语。

（3）第一组演示完后，学生进行点评，教师总结。之后，第二组开始演示，依此类推。

4. 任务小结

语言是人们沟通感情、表达思想、传递信息的重要工具，是人际交往的重要手段。在对客服务中，客运服务人员恰到好处地使用礼貌用语，既能表现出亲切、友好、和蔼与善意，又能传递出对旅客的尊重、敬佩之情。因此，掌握常用礼貌用语是客运服务人员的一项基本要求，也是客运服务人员做好本职工作的基本前提之一。

单元6.2 服务人员的文明用语

人们在任何情况下进行交谈时，都必须借助于一定的语句与词汇。没有语句与词汇的选择与使用，不仅难于表达自己的思想，而且还会使交谈难以进行下去。

服务人员要说好文明用语，非常重要的一点是要努力做到用词文雅。离开了用词文雅，文明用语便成为无本之木。用语文雅，对于广大客运服务人员来讲，主要包括三个方面的基本要求：一是尽量选用文雅词语；二是表达简练，通俗易懂；三是努力回避不雅之语。前两点属于对客运服务人员的高标准要求，第三点则是任何客运服务人员在其工作岗位上都必须做到的。

一 尽量选用文雅词语

尽量选用文雅词语即多用雅语，主要是要求广大客运服务人员在与服务对象交谈时，用词用语要力求谦恭、敬人、高雅、脱俗。在注意切实致用，避免咬文嚼字、词不达意的同时应当有意识地采用一些文雅的词语。这样做可展示自己的良好教养。例如，在正式场合欢迎服务对象到来时，用"贵姓"代替"你叫什么"，用"先生"代替"喂"，用"欢迎光临"显然比说"您来了"要郑重得多。而对一位上了年纪并看上去有文化的老人使用雅语"敬请赐教"自然就比对对方直言"有什么意见快提"更为礼貌。

二 表达简练，通俗易懂

服务用语的表达要简单明了，使服务对象容易理解、明白。说话啰唆、拐弯抹角，不仅不能讲清用意，还会浪费服务对象的时间；尽量不使用模糊语言，如"或许""大概""可能"等；语言表达要做到言简意赅，平时应注重加强学习，注重日常词语的积累，提高文化水平。

客运服务人员为旅客服务时，应根据旅客的水平和需要选择通俗易懂的语言，使对方明白；与旅客交谈也应只讲与工作有关的内容，不要东拉西扯、家长里短；对对方的私事做到"七不问"，即不问年龄、不问婚姻、不问收入、不问地址、不问经历、不问信仰、不问身体状况等。谈话时也要避免长时间与某一位旅客交谈，以免冷落其他旅客。

客运服务人员在运用服务用语时，应避免生搬硬套、机械使用，服务用语是文雅、规范的，同时也应是生动、丰富的。客运服务人员应在岗位规范的基础上，根据不同的时间、对象、场合灵活运用恰当得体的语言，使旅客感觉新鲜和亲切，从而收到良好的服务效果。

三、努力回避不雅之语

回避不雅之语主要是指客运服务人员在与人交谈时，不应当采用任何不文雅的语词。其中粗话、脏话、黑话、怪话与废话，则更是在任何情况之下，都不可出现于客运服务人员之口。

1. 粗话

粗话就是带有恶意、难听、骂人的话。客运服务人员在工作岗位上为旅客提供服务时，不管遇上何种情况，都不允许在话语中夹杂骂人的话。就算是旅客首先辱骂了自己，也不允许与对方相互谩骂。讲粗话是很失身份的行为。

2. 脏话

脏话就是污言秽语、粗鄙不文的说话。客运服务人员在为旅客提供服务时，不论与旅客认识与否，均不得在交谈中讲任何脏话，以免有损形象，引起旅客的不快，甚至产生误会。讲脏话的人非但不文明，而且属于自我贬低。

3. 黑话

黑话通常是指那些流行于黑社会的行话。客运服务人员若是在为旅客提供服务时，有意对对方讲黑话，不仅会使自己显得匪气十足，而且也会惊扰旅客，令人反感。

4. 怪话

怪话主要是说起话来或怨天尤人，或牢骚满腹。客运服务人员在服务工作中，有时会因为个人的委屈、不满，而当着旅客的面乱讲话，以泄私愤，这是有悖于服务宗旨的。

5. 废话

废话就是无意义的话、多余之语，或者是在没话找话时所讲的。客运服务人员必须牢记，在自己的工作岗位上，不宜主动去找旅客攀谈与服务内容无关的题外话，或对旅客评头论足。如果在工作中没事找事，大说废话，只能说明自己对本职工作心不在焉、三心二意。

客运服务人员每天与不同的旅客打交道，虽然要求树立"旅客永远是对的"服务理念，但是实际上，旅客并不永远是对的，工作中难免会与旅客产生矛盾，遇到旅客的刁难。这时，应该在服务态度上、服务语言上礼让旅客，使用巧妙得体的语言感化旅客、解决问题。在运用文明用语时，语言内容要文明、语言形式要文明、语言行为要文明。只有三者并重，三位一体，才能够真正地使自己做到用语文明，文明用语。三者之中缺少任何一点，都是不可以的。

【阅读资料6-1】 ××客运段列车服务规范用语50例

1. 车门接待
要求：礼貌热情，双手递接。

规范用语：请不要着急；请您出示车票；谢谢；请。

2. 在车内引导旅客时
要求：记熟座位号，热情接待；勤宣传，当好向导；要眼勤、嘴勤、腿勤、手勤。

规范用语：

（1）您是几号座席（位）？请跟我来，××号在这儿。

（2）先生（女士），请把您的行李放牢固，以免掉下来砸伤人。

3. 开车铃响时
要求：加强宣传，注意站台散步和吸烟的旅客，防止漏乘。

规范用语：没上车的旅客请抓紧时间上车，列车就要开车了。

4. 去向登记时（重点旅客登记）
要求：对重点旅客做到"三知"（座席、到站、困难）、"三有"（登记、服务、交接）。

规范用语：请您出示一下车票和有效证件（见票报时刻）。谢谢！

5. 给旅客让路
要求：主动让路，侧身站立，点头或伸手示意。

规范用语：

（1）请过。

（2）请您先过。

6. 请旅客协助
要求：

（1）旅客对面讲话，不中间穿行，需穿行时，先征得旅客同意。

（2）整理行李架需挪动旅客物品时应先征得旅客同意。

规范用语：

（1）对不起，麻烦您让一下，谢谢。

（2）这是哪位旅客的行李？我帮您整理一下，谢谢。

（3）小桌板承重有限，请不要趴在上面休息。

（4）谢谢，麻烦您了（打搅您了）。

7. 唤醒旅客
要求：要轻轻唤醒，对熟睡旅客轻轻拍胳膊。

规范用语：

（1）先生（女士），您好，醒醒。

（2）先生（女士），还有15分钟到站，请做好下车准备。

（3）先生（女士），对不起，打扰您休息了，现在核对车票，请出示一下车票，谢谢。

8. 旅客问事

要求：

（1）解答旅客询问，要站稳应答、起立解答，不边走边答、边做边答、含糊其词，要态度和蔼、语言准确、诚恳认真。做到有问必答、清楚易懂、详细准确。忌用"不知道""差不多""大概""可能"等语言，也不能用"干什么""为什么""不像话"来训斥旅客。

（2）要起身接待旅客，旅客提批评意见时，要耐心听取，不要当面争辩，意见有出入，也要耐心解释。

（3）旅客问话时，不要用过多的手势，咳嗽和打哈欠时要回避旅客。

（4）乘务员要落实首问负责制，对旅客提出的问题不得推诿或不解答，负责到底，让旅客满意。

规范用语：

（1）先生（女士），到××站是××点××分。

（2）先生（女士），餐车在×号车厢，全程供餐。

9. 不小心碰到旅客

要求：主动道歉，积极关心，必要时予以包扎治疗。

规范用语：先生（女士），对不起。不小心碰到您，请原谅。

10. 车厢整容

要求：

（1）车厢整容前，要先打招呼，再进行整理。

（2）清扫用具不要触碰旅客或物品。

（3）清扫时若需挪动旅客物品应先征得旅客同意。

规范用语：

（1）旅客们，为了给大家创造一个安全舒适的旅行环境，现在开始车内整容，请予以协助。

（2）请抬抬脚，谢谢。

11. 整理行李架衣帽钩

要求：

（1）整理行李架，要先打招呼，再去调整。

（2）做到平稳牢固，大件行李协助放置到大件行李处。

规范用语：

（1）这是哪位旅客的行李，我帮您整理下。

（2）打搅了（麻烦您了），谢谢。

（3）衣帽钩是用来挂衣服和帽子的，请不要挂其他物品，谢谢。

（4）对不起，请拿下来，谢谢。

12. 递接钱票

要求：交给旅客物品、钱、票时，要轻轻递给，不得扔摔。

规范用语：这是找您的钱，请点清收好。

13. 旅客找列车长

要求：热情接待，问明情况，尽量帮助处理。

规范用语：先生（女士），您有事吗？列车长在×号车厢。如果我能解决请您跟我说一说好吗？

14. 旅客问餐车在哪儿

要求：准确答复。

规范用语：先生（女士），餐车在列车中部×号车厢。

15. 旅客找座位

要求：要熟记车厢座位号。

规范用语：先生（女士），您是几号座位？××号在这儿，请坐。

16. 旅客提出车内冷或热时

要求：及时汇报，做好解释。

规范用语：请您稍等，我马上调整，对不起。

17. 旅客提出广播声音小

要求：做好解释，与随车机械师联系。

规范用语：

（1）先生（女士），我马上调整一下音量。

（2）对不起，广播机临时故障，我们正在修理，请您稍等。

18. 核对车票

要求：做好通告，提醒旅客准备好车票及有效证件。遇到有意刁难者，耐心解释，得礼让人。

规范用语：

（1）旅客朋友们，为防止您上错车、坐过站，我们要对您的车票进行核对，请您提前准备好车票和有效证件，持挂失补车票的旅客请您提前声明，谢谢。

（2）遇旅客打扑克、看书时：麻烦您，请把车票出示一下。

（3）旅客找不到车票时：请不要着急，慢慢找。

（4）查验完后交还时：请您把车票和证件收好，到××站是××点×分。

（5）您持的是挂失补车票，稍后我们会为您编制客运记录，到站后您可凭客运记录在24小时内办理退票手续。

19. 验票时旅客把票放到小桌板上

要求：要客气地把票拿起来，递到旅客手里，不要再放在桌面上。如果是铁路职工不愿出示证件或证件一晃即收起来时，应注意态度，查验"三证"。

规范用语：

（1）这是您的车票，请保管好。

（2）同志，您辛苦了，请出示一下公免票及签证号，谢谢。

20. 对无票旅客的处理

要求：处理无票旅客做到"三要""四不交"。

"三要"：要态度和蔼，要执行规定，要按章处理。

"四不交"：不经列车长不交，人物分离不交，情况不明不交，不编记录不交。

规范用语：

（1）先生（女士），您是从哪上车的？

（2）先生（女士），车票是乘车的凭证，坐车必须买票，没有票不能坐车，请按规定补票。

21. 对酒醉旅客的处理

要求：要做好解释，并安慰旅客。对酒醉旅客要妥善照顾，不要有厌烦的表现。

规范用语：这位先生（女士）身体不适，让他安静地休息一下，请大家互相关心，多加谅解。

22. 旅客携带品超重或超大

要求：按规章办理，补收运费。

规范用语：先生（女士），您携带的行李超大（超重）了，请补交运费。

23. 旅客当面表扬

要求：要谦虚有礼貌地表示感谢。

规范用语：这是我应该做的。

24. 旅客到站下车

要求：车门迎送旅客，主动扶老携幼，面带微笑，谦逊有礼。

规范用语：

（1）先生（女士），再见！

（2）欢迎您再次乘坐我们这趟列车。

（3）先生（女士），注意脚下，您走好。

25. 禁烟宣传

要求：列车广播和乘务人员要加强禁止吸烟的宣传。

规范用语：对不起，我们这趟列车设备设施独特，吸烟会引发报警，危及行车安全，请不要在车内任何场所吸烟，谢谢合作。

26. 清扫用具碰到旅客

要求：应向旅客表示歉意。

规范用语：先生（女士），不小心碰到您了，非常抱歉。

27. 旅客因好奇玩弄车辆安全设备

要求：要及时制止，加强宣传。

规范用语：先生（女士），请不要触碰列车上的设备，以免发生意外。

28. 遇成年人旅客携带一名未满6周岁儿童单独占用席位时

要求：要宣传旅行常识，做到耐心解释。

规范用语：先生（女士），您可以免费携带一名未满6周岁的儿童乘车，但不能单独占用一个席位，如需单独占用席位时，应当购买儿童优惠票，谢谢。

29. 旅客把脚伸到通道上

要求：要劝说，不训斥。

规范用语：先生（女士），请把脚挪一挪，以免碰到您。

30. 旅客需要帮助时

规范用语：

（1）当然可以，先生（女士）。

（2）请稍等，马上就来。

31. 不能满足旅客需要时

规范用语：非常抱歉，没有帮到您。

32. 要打断旅客谈话时

规范用语：

（1）对不起，打断你们谈话了。

（2）对不起，可以占用您一点时间吗？

33. 当需要查询资料后回答旅客问题时

规范用语：对不起，请稍等，我马上答复您。

34. 旅客提出无理需求时

规范用语：很抱歉，我们不能这样做，这是违反规定的。

35. 当旅客催促时

规范用语：

（1）让您久等了，很抱歉。

（2）我马上去处理。

36. 拾到旅客遗失物品

要求：尽快找到失主。确认无人认领，交车长处理。

规范用语：哪位旅客遗失了物品，请与我联系。

37. 旅客晕车呕吐

要求：先送一杯温开水给旅客漱口，及时收拾呕吐物。

规范用语：

（1）先生（女士），您不舒服，先漱漱口，我来收拾。

（2）先生（女士），需要帮您拿片晕车药吗？

38. 旅客给乘务员东西吃

要求：婉言谢绝。

规范用语：先生（女士），我们在工作期间不能吃东西，谢谢。

39. 遇有旅客越席乘车时，如二等车厢的旅客乘坐在一等座

要求：及时制止。

规范用语：对不起，请问您在几号车厢，这里是一等座，请回到您的车厢。

40. 遇有旅客要求与乘务员聊与工作无关的问题时

规范用语：对不起，我正在工作。（说完后离开或继续作业）

客运服务人员的语言礼仪　模块 6

41. 遇有旅客要求留乘务员的联系方式时

规范用语：对不起，不方便留电话。

42. 如旅客以方便咨询信息为借口要求留联系方式时

规范用语：对不起，您需要咨询时可以拨打"××××-12306"铁路客服电话。

43. 遇有旅客询问列车上未配备的其他杂志、书刊及食品时

规范用语：对不起，我们暂时还没有配备。

44. 遇有旅客要求与列车员合影时

规范用语：对不起，我们规定不能与旅客合影。

45. 遇有记者采访或要求照相时

规范用语：对不起，我们规定不能擅自接受采访，请您与我们的上级部门联系。

46. 遇有脱鞋、脚踏座席的旅客时

规范用语：对不起，请您把鞋穿上（要悄声对旅客说）。

47. 遇有旅客坐、垫杂志时

规范用语：对不起，这是公共杂志，如您看完了，请放回原处。

48. 遇有通勤职工违反规定乘车时

未签证情况规范用语：对不起，按照规定，没有签证乘坐动车时需要补票，请您补办车票。

签证后越席乘车规范用语：对不起，请您回到您的座位。

49. 遇有拒绝补票的通勤职工时

规范用语：按照规定，您不补车票，我们需要登记您的证件，请配合我们的工作。（如不予配合时）如您不配合，将由乘警来处理。

50. 终到告别

规范用语：各位旅客，终点站就要到了。一路上由于大家的协助和支持，使我们的工作进行得很顺利，在此表示由衷的感谢。下次旅行再见！

（根据某客运段动车组乘务员规范服务用语整理）

【实训任务 6-2】服务人员文明用语情境练习

1. 任务目的

通过实训，帮助学生掌握客运服务人员在工作岗位上经常使用的文明用语，为今后从事的服务工作打下基础。

2. 任务内容

通过对客服务中文明用语实训演练，让学生体会与旅客交往中恰当使用文明用语的重要性。

3. 任务实施

（1）分成若干小组，每组四人，一人扮演列车员，其他三人扮演旅客。

（2）选择不同的服务场景，重点练习客运服务人员文明用语的使用，做到态度和

蔼、亲切自然。

（3）第一组演示结束后，学生进行点评，教师总结。之后，第二组开始演示，依此类推。

4. 任务总结

客运服务人员谈吐文雅得体、言之有礼，就会给旅客留下良好的印象。反之，如果满嘴脏话，甚至恶语伤人，就会令旅客反感讨厌。因此，客运服务人员在为旅客提供服务或交流时，应做到彬彬有礼、用语得体。

单元6.3 服务人员做到声音美

客运服务人员要做到声音美，就要求使用标准的语音，声音要动听，在为旅客服务时应使用普通话，讲究语言艺术，口齿清晰。口齿清晰不但是文明用语的基本要求之一，而且是做好服务工作的条件之一。服务人员要做到口齿清晰，主要是要在发音准确、语调柔和、语速适中、语气正确四个方面合乎服务礼仪的基本规范。

1. 发音准确

发音准确，是语言交际的前提。客运服务人员要做到发音准确，应注意三个方面的问题。一是发音要规范标准，不能读错音、念错字。否则，不但会被旅客贻笑大方，而且会影响铁路企业的形象。要做到发音准确就要使用普通话。二是要发音清晰，要让旅客听得一清二楚。三是要音量适中。说话时音量过大或过小、音高过高或过低，都会给人以模糊的感觉。过高过大的音量使人厌烦；过小过低的音量会使人听不清楚。

2. 语调柔和

语调指人说话时的腔调，主要体现在说话时的音调高低、轻重上。客运服务人员在服务工作中要注意音量适中、自然。说话的语调如果从头到尾都是平的，听话的人就会觉得很枯燥。相反，如果过分地追求抑扬顿挫、拿腔拿调，又会给人一种做作的感觉。做到语调柔和应注意以下两点：

（1）说话时要保持低半音，慢半拍，这种适中的音调，就会表现得有亲和力得多。

（2）说完一句话时，在这句话的尾音部分可以把音调稍稍上扬一点，这可以倍增亲切感。说话时的音调保持低半音，慢半拍，听起来就字字清晰，句句真诚。音量的高低以让对方听清为宜。当然，声音也不能太低太轻。

3. 语速适中

说话时，语速要保持适当而自然，要亲切大方、典雅文静，所以，说话语速不能过快。与人交谈时，通常每分钟所讲的字数以60~80字为宜。在交谈时，还应该注意适时地进行必要的停顿，这样娓娓道来，就能给对方留下一个稳健的印象，也为自己创造了一个温文尔雅的好形象。

注意说话速度不要太快，说话速度太快可能会被理解为感到厌烦。

4. 语气正确

语气，即人们说话时的口气。在人际交往中，语气往往被人们视为具有某种言外之意，因为它流露出说话者一定的感情色彩。客运服务人员在工作岗位上与服务对象交谈时，一定要在语气上表现出热情、亲切、友好、和蔼和耐心。特别注意的是，不要在有意无意中，使自己的语气显得急躁、生硬和轻慢。

（1）语气急躁，是指客运服务人员与服务对象交谈时，语气上显得焦急、暴躁、激动或者不耐烦，如"抓紧时间""快点，我还有别的事呢""走不走""上不上，你"等。

（2）语气生硬，是指客运服务人员与服务对象交谈时，语气上显得勉强、生冷、僵硬，或者不够柔和，如"着什么急""喊什么""等着""你们家的东西，你这样吗？"等。

（3）语气轻慢，是指客运服务人员与服务对象交谈时，语气上显得轻狂、歧视、怠慢，或者失敬于人，如"知道吗，你""看清价格再说""这又不是自由市场，能还价？"等。

怎样才能避免以上现象呢？在交际中多采用如下祈使语气：

①请您再仔细看一看。

②你不能多看几遍吗？

③难道你不会多看看吗？

①是祈使句，也叫祈请句，②③是反问句。在工作中，选用表示祈请语气的表达方式最好。用这种方式表达语义，缓和、亲切、使对方乐于接受。

【实训任务6-3】服务人员声音美情境练习

1. 任务目的

通过实训，帮助学生掌握客运服务人员声音美的规范要求。

2. 任务内容

展示在不同服务场景中的服务语言的用语，重点突出客运服务人员声音美的特征。

3. 任务实施

（1）分成若干小组，每组四人，一人扮演客运服务人员，其他三人扮演旅客。

（2）选择不同的服务场景，每组先使用不规范的服务用语进行对客服务，再使用规范的服务用语进行对客服务，重点突出发音准确、语调柔和、语速适中、语气正确的服务用语声音美的基本规范。

（3）第一组演示结束后，学生进行点评，教师总结。之后，第二组开始演示，依此类推。

4. 任务总结

怎样才能把话说得得体、有理、有情呢？先从日常生活的心态说起。令人感到愉悦的说话声，要从心里美出来，如果学习说话，只学会一些辞令是不够的，首先要注意自己内心的修养，珍爱自己，有良好的敬业精神，同时也要尊重别人，那才是最重要的。

在工作中，客运服务人员如果尊重旅客，就不会表现出一副盛气凌人的样子，所以，客运服务人员平时要多加修养自己。

复习思考题

一、填空题

1. 客运服务人员与服务对象进行交谈时，经常使用的"十字"礼貌用语有：_____、_____、_____、_____、_____。
2. 客运服务人员在与人交谈时，应当回避_____、_____、_____、_____、_____等五种不雅之语。
3. 客运服务人员为旅客服务时，要对对方的私事做到"七不问"，即_____、_____、_____、_____、_____、_____、_____。
4. 对重点旅客做到"三知""三有"，其中"三知"为：_____、_____、_____；"三有"为_____、_____、_____。
5. 客运服务人员要做到发音准确，应注意三个方面的问题，即_____、_____、_____。

二、选择题（根据每小题后面给出的答案，选择一个或几个正确答案，把选项填在每小题后面的括号中）

1. (　　) 就是带有恶意、难听、骂人的话。
   A. 粗话　　B. 脏话　　C. 黑话　　D. 怪话
2. 客运服务人员在工作岗位上与服务对象交谈时，在语气上应表现出 (　　)。
   A. 语气轻慢　　B. 语气热情　　C. 语气生硬　　D. 语气急躁
3. 与旅客交谈时，要面对对方，应保持的适当距离为 (　　) 厘米。
   A. 10~30　　B. 20~40　　C. 45~100　　D. 100~150
4. 在工作中，客运服务人员首先向服务对象进行问候，如果被问候者不止一个人时，可采用 (　　) 的问候方式。
   A. 统一对其进行问候　　B. 先问身份高者
   C. 后问身份低者　　D. 先问男士再问女士
5. 在人际交往中，使用致谢用语，意在表达自己的感激之意。常用的致谢语的形式有 (　　)。
   A. 标准式致谢用语　　B. 加强式致谢用语
   C. 具体式致谢用语　　D. 随意式致谢用语
6. 在日常生活中要讲究礼貌用语，下面说法正确的是 (　　)。
   A. 久未联系说"久违"　　B. 请人办事说"拜托"
   C. 麻烦别人说"打扰"　　D. 请人指教说"赐教"

7. 在人际交往中，恰到好处地使用礼貌用语，可以表现出（　　），还能够传递对交往对象尊重、敬佩的信息。

　　A. 亲切　　　　B. 友好　　　　C. 和蔼　　　　D. 善意

8. 客运服务人员在运用文明用语时要做到（　　）。只有三者并重，三位一体，才能够真正地使自己做到用语文明，文明用语。

　　A. 语言内容要文明　　　　　　B. 语言形式要文明
　　C. 语言行为要文明　　　　　　D. 语言风格要文明

三、判断题（下面的语句表述是否正确，请在每句话后面的括号中填写"正确"或"错误"）

1. 标准式请托用语，是在向他人提出某一具体的要求时所使用的礼貌用语，最常用的是："劳驾""拜托""打扰""借光"等等。（　　）

2. 客运服务人员在使用应答语时基本的要求为：有问必答、灵活多变、热情周到、尽力相助、不失恭敬。（　　）

3. 及时而恰当的赞赏，不但可以激励他人，也可以促进和改善双方之间的人际关系。（　　）

4. 客运服务人员在与服务对象交谈时，用词用语要力求谦恭、敬人、高雅、脱俗，所以应注意咬文嚼字、字斟句酌。（　　）

5. 客运服务人员解答旅客询问时，要站稳应答、起立解答，不边走边答、边做边答、含糊其词，要态度和蔼、语言准确、诚恳认真。（　　）

6. 客运服务人员在回答旅客问题时，为了使旅客能够听清楚，要求回答声音要洪亮。（　　）

7. 客运服务人员在为旅客解答专业问题时，一定要体现出专业性，要严格按照相关旅客运输规章及规范来回答，不宜使用过于通俗的语言。（　　）

8. 当旅客提出超出服务人员工作职责以外的或过于无理的要求时，服务人员可直接予以拒绝。（　　）

四、简答题

1. 客运服务人员常用的礼貌用语的类型有哪些？
2. 客运服务人员用语文雅的基本要求有哪些？
3. 客运服务人员应如何做到声音美？

五、论述题

1. 在服务中，令人反感的说话方式有哪些？
2. 请结合自身情况来谈一谈，自己与优秀客运服务人员具备的语言礼仪方面还存在哪些差距，自己又将如何提高？

模块 7

旅客交往礼仪

学习目标

1. 掌握称呼方式的种类，明确人际交往中称呼的禁忌。
2. 了解常用的介绍类型，掌握介绍的礼仪规范。
3. 掌握行路、进出房门、会客等交往时引领位次的礼仪规范。
4. 掌握与旅客交谈中的基本礼仪及交谈中"听"的礼仪规范及技巧。

内容概要

对于一名优秀的客运服务人员来说，学习服务礼仪的理论知识，培养较强的服务意识，塑造良好的职业形象，这是做好服务工作的基础。然而，在服务过程中要想赢得旅客的满意，客运服务人员还应具备一定的服务技能，进而提高与旅客之间的沟通能力。通过本模块的学习，使客运服务人员具体掌握交谈与倾听的礼仪规范，从而在服务中，让旅客感觉受到高品质的服务，以赢得旅客的满意。

建议课时

6课时

单元7.1 称谓礼仪

称谓即称呼，是指人们在交往中，用以表示彼此关系的名称用语。不论是在口头语言中，还是书面语言中，称谓对交往双方都很重要，它正式拉开了双方交往的序幕。在人际交往中，尤其是初次相识，称谓得当，既反映了自身的教养，又体现了对他人的重视程度，也为之后的交往打下良好的基础。

一、几种主要的称呼方式

在正式的交往场合中，称呼应当庄重、得体、规范，以表示出对称呼对象的尊重和友好。常用的称呼主要有以下几种。

1. "您"字称谓

"您"是与他人交往中最常用的一种称谓，尤其是在正式场合中用"您"比用"你"要更显敬重。现在，称呼"您"已成为礼仪中最常用的称谓，应该在工作中提倡使用。

2. 泛尊称

这种称呼几乎适合于各种社交场合。在对方身份不明的情况下，可采用以性别相称，如"某先生""某女士"。应该注意的是，称呼女性时，要根据其婚姻状况，对已婚的女性称"夫人"，对未婚的女性称"小姐"，对不知婚姻状况和难以判断的女性可称"女士"。

3. 职务称

职务称是用所担任的职务作称谓。公务活动中用职务称谓的现象已相当普遍，目的也是为了表示对对方的尊敬和礼貌。主要有三种形式：

（1）用职务称呼，在公务活动中，若交往对象有职务，可以对方的职务相称，如"董事长""总经理""部长""处长"等。职务性称呼还可以同泛尊称、姓氏、姓名分别组合在一起使用，如"李局长""张科长""赵院长""李书记"等。

（2）用专业技术职务称呼。若交往的对象拥有社会上备受尊重的学位、学术性职称、专业技术职称的，可以"教授""工程师""医师"等相称。这些称呼还可以同姓名、姓氏和泛尊称分别组合在一起在正式场合使用，如"李教授""张工程师""刘医师"。对总工程师还可称"张工""刘总"等。

（3）职业尊称，即用其从事的职业当称谓，如"李老师""赵大夫""刘会计""王律师""陈法官"等，不少行业可以用"师傅"相称。

二、称呼的禁忌

在人际交往中，若称呼不当就会失敬于人、失礼于人，有时后果会不堪设想。因此了解称呼的禁忌就显得尤为重要。

1. 错误的称呼

称呼对方时，记不起对方的姓名或张冠李戴，叫错对方的姓名，是极不礼貌的，这也是人际交往中的大忌，尤其是称呼外国人的姓名时。外国人的姓名在排列的顺序上同中国人的姓名有着很大的差别，如若没有听清或没有把握，宁可多问对方几次，也不要贸然叫错。此外，对被称呼者的年龄、辈分、婚否及同其他人之间的关系做出错误判断，也会导致错误称呼的出现，因此，也需要谨慎称呼。

2. 易产生误会的称呼

不论是自称还是称呼他人时，一定要注意不可使用让对方容易产生误会的称呼。例如"爱人"，中国人习惯把自己的配偶称为"爱人"，而外国人则将"爱人"理解为婚外恋的"第三者"。还有"同志""老人家"等称呼，容易让人产生歧义，应避免使用。此外，也不要使用过时的称呼或者不通用的称呼，让对方不知如何理解。

3. 避免不礼貌的称呼

（1）不能无称呼。与人交往"哎，哎"地称呼对方，是不礼貌的，应当避免。

（2）量词称谓别用错。量词称谓分为个体量词称谓和集合量词称谓。个体量词称谓有"个""位"等。集合量词称谓有"些""群""帮""伙"等。

在交往中使用带"个"字的称谓，一般是不礼貌和轻视对方的表现，如"你们几个人"；"位"字则不同，是一个含有敬意的用于人的量词。一般来说，"些"字只表示数量，态度上比较中性，我们说"一些人"就比较得体，"群"字就稍稍有点不太尊重，而"帮""伙"就含有贬义。

（3）含"的"字的称谓应当避免使用。含"的"字的称谓在交往中经常听到，如"穿大衣的""戴眼镜的""开车的"等。凡后缀"的"字的称谓一般都具有贬义，应避免使用。

（4）以绰号相称。在任何情况下，当面以绰号称呼他人，都是不尊重对方的表现。

（5）以生理特征相称。在工作中，特别是在和旅客打交道的时候，如果以生理特征相称，是不尊重对方的表现，如称呼对方"胖子""眼镜"等。

（6）简化性称呼。在正式场合，有不少称呼不宜随意简化。例如，把"张局长""王处长"称为"张局""王处"，就显得不礼貌。

【实训任务7-1】 人际交往中的称谓训练

1. 任务目的

通过练习，灵活掌握对不同交往对象的准确称呼。

2. 任务内容

确定不同的交往场景，选若干学生，结合设定场景及扮演角色，做到称呼恰当、有主有次、严防犯忌。

3. 任务实施

（1）分组准备情景剧练习，每组抽签确定编演的情景剧。

（2）每组发挥自己的想象进行不同场景情景剧的编排，时间在2分钟左右。

（3）每组演示完后，学生点评。

（4）教师从称呼恰当、口齿清晰、用词文雅、语言简明四个维度进行总结。

4. 任务总结

客运服务人员为旅客服务的过程，其实就是与人交往的过程，客运服务人员掌握一定的交往礼仪常识，遵守交往的礼仪行为规范，不仅能反映出个人的礼貌修养，而且也有助于与旅客交往的顺利和服务质量的提升。

单元7.2 介绍礼仪

介绍是社交活动的开始，是人际交往中与他人沟通、建立联系、增进了解的一种最基本、最常见的形式。依据介绍人的不同，介绍可以分为自我介绍、为他人做介绍两种类型。

一 自我介绍

自我介绍,就是在必要的社交场合,自己担任介绍的主角,将自己介绍给其他人,以使他人认识自己。

1. 自我介绍的形式

根据不同场合、不同对象和实际需要,自我介绍的内容应有所差异。自我介绍通常包括以下四种:

(1)应酬式。这种自我介绍最为简单明了,往往只介绍一下姓名即可。

(2)工作式。工作式自我介绍适用于工作场合,除介绍姓名外,还应介绍工作单位及部门、职务或从事的具体工作等。

(3)交流式。交流式自我介绍也称社交式自我介绍或沟通式自我介绍,适用于社交活动,是一种刻意寻求与交流对象进一步的交流和沟通,希望对方认识自己、了解自己、与自己建立联系的自我介绍。在介绍姓名、单位和工作的基础上,进一步介绍兴趣、爱好、经历、同交往对象的某些熟人的关系等,以便加深了解,建立友谊。

(4)礼仪式。礼仪式自我介绍适用于讲座、报告、演出、庆典、仪式等一些正规而隆重的场合。这是一种表示对交往对象友好、敬意的自我介绍,内容包括姓名、单位、职务等,同时还应加入一些适当的谦辞、敬语,以示对交往对象的尊敬与尊重。例如,"女士们,先生们,大家好!我叫张华,是东方广告公司的企划经理。我代表本公司热烈欢迎各位来宾莅临指导,谢谢大家的支持!"

2. 自我介绍的技巧

(1)把握好时机。要选择适当的时机,在对方有兴趣、有需要、情绪好、干扰少、有需求之时介绍自己,这样就不会打扰到对方。如果对方兴趣不高、工作很忙、心情不佳、没有需求、休闲用餐或正忙于其他交际,则不太适合进行自我介绍。

(2)掌握时间。进行自我介绍时一定要简洁、明了。用的时间越短越好,通常以半分钟左右为宜,如无特殊情况最好不要超过1分钟。切不可信口开河,不得要领,做出费力不讨好的事。

(3)讲究好态度。自我介绍时要实事求是,既不要过分谦虚,也不要自吹自擂、夸大其词。做自我介绍时要面带微笑,充满自信与热情,善于用眼神去表达自己的友善和关切,显得胸有成竹、落落大方。自我介绍时还要注意自己的语音、语调和语速,语气自然、语速适中、语言清晰、从容不迫,会使对方产生好感,有助于自我介绍的成功。

二 为他人做介绍

为他人做介绍是第三者为彼此不相识的双方引见的介绍方式。在一般情况下,为他人做介绍都是双向的,即第三者对被介绍的双方都做一番介绍。某些情况下,也可只将被介绍者中的一方向另一方介绍。例如,将甲介绍给乙,但前提是甲已知道、了解乙的身份,而乙不了解甲。为他人做介绍应注意以下六个事项。

1. 介绍者

为他人做介绍者，通常是社交活动中的东道主、家庭聚会中的主人、公务交往中的礼仪专职人员，或正式活动中地位、身份较高者。如熟悉被介绍的双方，又应一方或双方的要求，也可充当介绍人。

2. 尊重双方意愿

为他人做介绍，要先了解双方是否有结识的愿望，不要贸然行事。最好先征求双方的意见，以免为原来就相识者或关系不好者做介绍。

3. 内容

介绍时，根据实际需要的不同，介绍内容也有所不同，一般只介绍双方的姓名、单位、职务，有时为了推荐一方给另一方，介绍时可以说明被推荐方与自己的关系，或强调其才能、成果，便于新结识的人相互了解与信任。

4. 语言

介绍具体的人时，要用敬辞。例如，"张先生，请允许我向您介绍一下，这位是王先生"。同时，应该礼貌地用手示意，而不要用手指指点。

5. 被介绍者

作为被介绍者，应当表现出结识对方的热情，目视对方，除女士和年长者外，被介绍时一般应起立。但在宴会桌上和会谈桌上只需微笑点头有所表示即可。

6. 介绍的顺序

介绍的顺序其实就是把谁介绍给谁的问题。做介绍时，应该坚持受尊敬的一方有了解对方优先权的原则，所以一般的顺序是先向长者、女士、身份高的人介绍对方，以体现出对长者、女士、身份高的人的敬重。但在不同的场合，介绍的顺序又略有不同。

第一，长者优先。一般社交场合中遵循长者优先的原则。例如，"宋教授，请允许我向您介绍一下，这位是希望外语学校的王老师"。

第二，女士优先。女士优先是一般社交场合遵循的另一个原则。在西方，先将男士介绍给女士通常不会错。例如，"刘小姐，请允许我介绍一下，这位是东方广告公司的张经理"。

第三，职位高者优先。在工作场合则以职位高者优先，也就是应将职位低的人介绍给职位高的人。在工作场合，长者与女士一般不具有优先权。例如，"张经理，请允许我介绍一下，这位是飞驰电脑公司的小刘"。

第四，先到者优先。如果被介绍的两人有先到后到之分，那么遵循先到者为大的原则，先到者具有优先权，也就是应把晚到者介绍给早到者。

【实训任务7-2】 介绍训练

1. 任务目的

通过练习，掌握介绍的方式和技巧。

2. 任务内容

（1）自我介绍。

（2）为他人做介绍。

3. 任务实施

三个学生为一组，每位学生先进行自我介绍，之后由一位学生为其他两位学生做介绍。

4. 任务总结

介绍是人际交往中与他人进行沟通、增加了解、建立联系的一种最基本、最常规的方式，是人与人进行相互沟通的出发点。在做介绍时，应镇定自信、真挚诚恳、落落大方、彬彬有礼。

单元7.3 位次礼仪

良好的礼仪能够增强交往双方彼此间的认可度和信任度，而位次礼仪是社交礼仪的重要组成部分，在服务中，通过恰当妥善的位次安排，可以使来宾感受到被认可和被尊重。

一、行路

行进在路上，客运服务人员引领旅客时，应注意以下四点。

1. 本人所处方位

如果客运服务人员与旅客并排行走，客运服务人员应居于旅客左侧；如果双方单行行走，客运服务人员应居于旅客的左前方约1.5米的距离为其引路；如果三人并行，通常中间为上，内侧次之，外侧再次之。

2. 协调行进的速度

客运服务人员行走的速度要考虑到和旅客相协调，不可走得过快或过慢，避免令旅客感到不便。

3. 及时关照提醒

引领者在引领旅客过程中，不能始终默不作声，避免使旅客感到受冷落；引领者应当不断地与旅客进行寒暄交谈。每当遇到拐弯处、楼梯或路上有障碍物、照明欠佳的地方时，要及时加以提醒，以表示对对方的关注。

4. 采用正确的体态

引领者在陪同引领旅客时，有必要采取一些特殊的体态。例如，引领者在请旅客开始行走时，要面向旅客，稍微欠身。在行进中与旅客交谈或回答提问时，应尽可能使脸面和上体转向对方，以表尊重，如果完全背对旅客，这是不太礼貌的行为。

二、进出房门

在陪同引领旅客进出房间时，应注意以下细节。

1. 注意房门开关动作

在出入房间时，务必用手轻推、轻拉、轻关，绝不可用身体的其他部位代劳。例如，不能以肘推门、以脚踢门、以臀拱门、以膝顶门，也不能听任房门自由开关。

2. 注意顺序

引领人员在陪同引领旅客时，有义务在出入房门时替对方拉门或推门，做到态度谦和、讲究顺序。具体来说，应注意以下几点：

（1）朝里开的门。如果门是朝里开的，引领者应先入内，再侧身请旅客进入。

（2）朝外开的门。如果是朝外开的门，引领者应先打开门，请旅客先进。

（3）旋转式大门。如果陪同旅客走的是旋转式大门，引领人员应自己先迅速过去，在另一边等候。

3. 辅以礼貌语

无论进出哪一类门，引领人员在接待引领时，一定要"口""手"并用且到位。即运用手势要规范，其姿势为以右手或左手抬至齐胸的高度，五指并拢，掌心朝上，以肘部为轴，朝指示方向伸出手臂。同时要说诸如"您请""请走这边""请各位小心"等提示语。总之，引导服务需要"三勤"，即眼勤、嘴勤、手勤。

三 会客位次礼仪

会见客人时，对于让座的问题应予以重视。让座于人有两点需要注意。一方面，必须遵守有关惯例；另一方面，必须讲究主随客便。总体上讲，会客时，应当恭请来宾就座于上座。会客时的座次安排，大致有如下三种主要方式。

1. 相对式

相对式的具体做法是宾主双方面对面而坐。这种方式显得主次分明，往往易于使宾主双方公事公办，保持距离。这种方式多适用于公务性会客，通常又分为两种情况。

（1）双方就座后，一方面对正门，另一方背对正门。此时讲究"面门为上"，即面对正门之座为上座，应请客人就座；背对正门之座为下座，宜由主人就座（图 7-1）。

（2）双方就座于室内两侧，并且面对面就座。此时讲究进门后"以右为上"，即进门后右侧之座为上座，应请客人就座；左侧之座为下座，宜由主人就座。当宾主双方不止一人时，情况也是如此（图 7-2）。

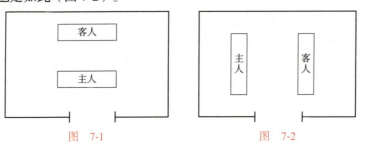

图 7-1　　　　　　　图 7-2

2. 并列式

并列式的基本做法是宾主双方并排就座，以暗示双方"平起平坐"、地位相仿、关系密切。具体也分为两类情况。

（1）双方一同面门而坐。此时讲究"以右为上"，即主人要请客人坐在自己的右侧。若双方不止一人时，双方的其他人员可分别坐在主人或主宾的一侧，按身份高低依次就座（图7-3）。

（2）双方一同在室内的右侧或左侧就座。此时讲究"以远为上"，即距门较远之座为上座，应当让给客人；距门较近之座为下座，应留给主人（图7-4）。

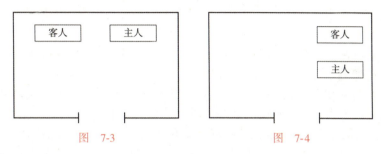

图 7-3　　　　　　　　　　图 7-4

3. 居中式

所谓居中式排位，实为并列式排位的一种特例。它是指当多人并排就座时，讲究"居中为上"，即应以居于中央的位置为上座，请客人就座；以其两侧的位置为下座，由主人一方的人员就座。

【实训任务7-3】位次礼仪训练

1. 任务目的
通过练习，掌握常用位次礼仪规范。

2. 任务内容
（1）行路引领。
（2）进出房门引领。
（3）会客位次礼仪。

3. 任务实施
（1）将学生进行分组，两人为一组，其中一人扮演引领人员，一人扮演旅客。
（2）根据设定的模拟场景及环节，进行行路、出入房门、会客位次礼仪规范练习。
（3）每个小组需要完成两轮练习，第一轮完成后，两位学生进行角色互换。
（4）每个小组完成表演后，由教师进行点评。

4. 任务总结
在日常生活和工作中，经常会遇到迎来送往的日常事务。其中，接待引领工作是不容忽略的日常性工作之一，通过恰当妥善的位次安排，可以使来宾感受到被认可和尊重的地位，反映出客运服务人员细致的工作作风和态度。掌握位次礼仪不仅会给来访者留下良好印象，而且也有助于交往活动的顺利进行。

单元 7.4 交谈礼仪

语言是人类所特有的用来表达思想、交流感情以及进行人际交往的工具，是沟通信息的媒介或符号，是表现人们心灵的窗口。一个人的语言可以表现出他的道德水准和教育水平。

客运服务人员在与旅客相互交流时，通常有两种交流方式，一种是有声的语言交流，一种是无声的非语言交流。根据专家的研究，在人们所接受的来自他人的信息中，只有45%的信息来自有声语言，而55%以上的信息来自无声的语言。这种无声的语言就是指体态语。体态语作为表达思想感情的重要手段，能够表达出有声语言所难以表达的思想感情。人人都会说话，但是善于说话，把话说好的人却并不多。对于客运服务人员来说，要成为一个真正会说话的人，就需要在为旅客提供服务时，不但要做到服务语言正确，还要准确理解旅客的语言，更重要的是要能够细心观察旅客不同的体态语并予以理解。同时，还应根据不同的场合，能正确、有效地运用自己的体态语。

一、交谈的基本礼仪

1. 语言正确，态度坦诚

语言正确是对人的起码尊重。人与人交往，交的是心，发自肺腑的语言，能触动人的心弦；坦诚相见，能使人感到亲切自然，可以说，语言正确，态度坦诚是搭建心与心之间的最好桥梁。要做到语言正确，态度坦诚，应注意：

（1）实事求是。与人交谈要实事求是，既不要夸大其词说空话、大话，也不要说假话。这样不仅有违良心，更是礼仪的大忌。说空话、大话、假话的人，可能会一时迷惑别人，但绝不可能长期欺骗别人。

（2）恰当地使用称呼。对领导、长者的称呼，在正式场合和书面文件上要规范，一般要用全称，在一般场合可用简称。

（3）注意区分客套话。在日常生活及社交中，出于特定的需要和惯例，有时要说一些"言不由衷"的客套话，这不能视为虚伪和失礼。在社交场合中，尤其是在初次见面时，往往要说一些恭维式、谦虚式的客套话，如"久仰大名""幸会幸会""光临寒舍""蓬荜增辉"之类的话，虽然有点言过其实，但会令对方感觉舒服，觉得受到尊重，这些是约定俗成的社交客套话，算不上有失礼仪。

2. 音量适中，口齿清楚

与人交谈时，音量要适中，声音的大小以让对方听清为宜；交谈时，语气和声调要平和沉稳，要注意音调的高低变化，不要长时间保持同一个音调；说话时要注意口齿清楚，不要有太多的尾音，中间要有恰当的停顿，语速要适中，不要太快也不要太慢。

3. 精神专注，尊重他人

与人交谈时，不论讲话还是听话，都应做到精神专注，应使用适当的目光和得体的语言认真地对待谈话者和听话者。作为听者，应该全神贯注，专心聆听，以耐心鼓励的目光让对方说完，并适时做出一些如点头、微笑之类的体态语，或不时加以"哦""太好了""是吗"等体现对谈话内容感兴趣的陪衬语言，使对方觉得自己受到重视，千万不要表现出不感兴趣或随便打断对方的话语。言语动听但表情冷冰冰，或是东张西望、答非所问，都是与人交谈中的禁忌。与人交谈取得成功的秘诀就是多听，永远不要不懂装懂。作为讲话者，不能只顾自己大讲特讲，而不给对方说话的机会。

4. 谦恭得体，自然大方

与他人谈话，语言、表情、动作要掌握分寸。尽量做到谦恭得体、自然大方，交谈时不要搞小动作，不要手舞足蹈；讲话时不要唾星四溅。另外，要把握好自己，与任何人的交谈都应该是落落大方，即使在陌生人面前，也要表现得从容不迫，不要扭捏不安、过分拘束，即便做不到谈笑风生，也不要躲躲闪闪、慌慌张张。

5. 交谈中话题的选择

可以谈论的话题：

（1）对方熟悉的，有兴趣的话题。

（2）中性话题，如天气、经济、政治、体育新闻等。

（3）有助于交流的个人爱好，如运动、音乐、收藏等。

（4）任何鼓舞人心的、积极的消息。

（5）对方的优点。

应当避免谈论的话题：

（1）不利于宗教、民族团结的话题。

（2）不吉利的事或别人没兴趣的事。

（3）别人的隐私，如年龄、工资、婚姻等。

（4）不要在背后对他人做消极的评价。

6. "说"的技巧

客运服务人员在与旅客沟通过程中，应特别注意说话的方式，掌握一定的说话技巧。

（1）说"我会……"以表达服务意愿

当客运服务人员使用"我会……"这一语言技巧时，客运服务人员和旅客都会受益。许多旅客听到"我尽可能……"后，会感到很生气，因为他不知道"尽可能"有多大的可能。但当他们听到"我会……"后，就会平静下来。因为这表达了客运服务人员的服务意愿，以及客运服务人员将要采取的行动计划，旅客就会满意；通过使用"我会……"这一语言技巧，客运服务人员自己也能从中受益，当客运服务人员说"我会……"，并且列出了将要采取的实施步骤时，这就给了自己一个好的开端，客运服务人员势必会明确自己所必须采取的行动。

（2）说"我理解……"以体谅对方情绪

旅客需要客运服务人员理解并体谅他们的情况和心情，而不要进行评价或判断。

（3）说"你能……吗？"以表达自己的要求

消除人们通常听到"你必须……"时的不愉快。"你必须"这三个字会令大多数人恼火。用"你能……吗？"是一条快捷地得到你想要的东西的途径，避免责备对方"你本来应该……"所带来的不利影响。当旅客听到"你本来应该……"时，几乎会不由自主地产生防范心理。

（4）用"你可以……"来代替说"不"

当你婉转地说"不"时，会得到别人的谅解。设想一下，如果别人对你说了下面的话，你会有何感受："今天不行，你必须等到明天才有材料。"更婉转一点的说法是："你可以明天拿到材料。"我们更乐于听到我们可以做什么。

那么，什么时候使用"你可以……"？当你不能完全满足旅客的要求，但你的确还有别的办法，或者尽管你可能立刻帮不上忙，但是却想表达你的真诚，乐于为对方提供服务。

（5）说明原因以节省时间

人们天生就爱刨根问底。想一想，孩子就总喜欢问"为什么"，当有人提供信息时，其他人最关心的，也是最想知道的就是"为什么"，基于这一实际情况，请先讲明原因。

二、交谈中"听"的礼仪

客运服务人员在与旅客交谈时，作为一个交谈者不仅要善于交谈，还要善于聆听旅客的谈话，这不仅体现了对旅客的尊重，也体现了客运服务人员良好的品德修养。聆听的礼仪规范主要体现在以下几个方面。

1. 注意自己的姿态

客运服务人员在倾听旅客讲话时，首先应该注意姿态端正，尽可能还要做到身体稍稍前倾，面部保持自然的微笑，表情随对方谈话内容有相应的变化，恰如其分地频频点头。而身体歪斜、面部表情呆板，会使对方认为你对他不礼貌，或对他的谈话没有兴趣。

2. 聆听应认真专注

客运服务人员倾听旅客谈话时要全神贯注，有耐心，眼睛应该看着对方认真地听，不东张西望，不低头玩弄衣角，不走神或做与谈话无关的事，这首先是对旅客的尊重，也是获得良好交谈效果的前提。

3. 聆听过程中积极互动

聆听对方谈话时要主动积极，过程中要及时反馈。要想旅客对客运服务人员保持交谈的兴趣，首先客运服务人员应该从被动消极的听转化为主动积极的听，积极的态度会让旅客更有兴趣与客运服务人员交谈。如果客运服务人员只是一直在听，而没有任何反应，旅客可能会认为客运服务人员没有认真听他的谈话而失去与客运服务人员交谈的兴趣。例如，在旅客向客运服务人员提出服务请求时，客运服务人员要对重点的、关键的地方进行重复，这样不但可以验证自己是否正确领会了对方的意思，而且也传递给旅客一个讯息——我在认真地听。同时，还要以点头或"是""好的"作为回应进行积极互动。

4. 不要随意打断对方谈话

客运服务人员在与旅客交谈时，不要随意插话或打断旅客的谈话。很多人喜欢在谈话时"充分"发表自己的意见，经常抢话、插话，甚至认为爱插话是聪明的表现。事实上，随便插话是不礼貌的，这样做不但会影响专心领会对方话中的含义，而且也会使对方谈话的思路被打断，从而使对方不能完整流畅地表达自己的想法或感情，因而引起他人的反感。如果需要插话或打断对方谈话时，应先征得对方的同意，用征询商量的语气说一声"请允许我打断一下"或"我可以提一个问题吗"等。

5. "听"的技巧

一名优秀的客运服务人员,要善于聆听。要聆听旅客的需求、渴望和理想,还要聆听旅客的异议、抱怨和投诉,要善于听出旅客没有表达的意思或没有说出来的需求。客运服务人员要带着兴趣去听旅客在说什么,学会用眼睛去听,千万不要漫不经心的听。要理解旅客说的话,这是能让旅客满意的唯一方式;要始终与旅客保持目光接触,注意观察旅客的面部表情,注意发现旅客的声调变化,要能听出旅客的话外之音。

作为客运服务人员,当旅客与你交谈的话题你不感兴趣时,请表现出你的耐心和修养,因为这可能对他很重要,试着站在他的角度认真地倾听,也许会使你转变态度;即使你希望转换一个话题,也不要表现出你的不耐烦,要巧妙地表达自己的观点。

总之,倾听别人讲话,必须做到耳到、眼到、心到,同时还要辅以其他行为和态度,只有这样才能表现出对说话者的尊重,也能表现出倾听者的一种高雅的素养。

【单元微课 7-1】旅客交往礼仪

本单元微课请扫描二维码16。

【实训任务 7-4】交谈礼仪练习

1. 任务目的
通过实训,掌握客运服务人员与旅客交谈时的礼仪规范。

2. 任务内容
展示客运服务人员与旅客交谈与倾听的礼仪规范及技巧。

3. 任务实施
(1)将学生进行分组,两人为一组,其中一人扮演客运服务人员,一人扮演旅客。

(2)根据设定的模拟场景及环节,进行交谈训练,重点展示客运服务人员交谈中的各项礼仪规范及交谈技能。

(3)每个小组需要完成两轮练习,第一轮完成后,两位学生进行角色互换。

(4)每个小组完成表演后,由教师进行点评。

4. 任务总结
客运服务人员在与旅客交流时,通常有两种交流方式。一种是有声的语言交流,一种是无声的非语言交流。对于客运服务人员来说,为旅客提供服务时,不但要理解旅客的有声语言,更重要的是要能够观察、理解旅客的体态语,并且在不同场合中,能正确、有效地运用自己的体态语,让旅客感受到高品质的服务,赢得旅客的满意。

一、填空题

1. 在正式的交往场合中，常用的称呼主要有三种，即_____、_____、_____。
2. 依据介绍人的不同，介绍可以分为_____和_____两种类型。
3. 会见客人时，对于让座的问题应予以重视。让座于人应注意遵循两点，即_____和_____。
4. 会客时的座次安排主要有：_____、_____、_____这三种主要方式。
5. 客运服务人员与旅客的语言交流方式包括_____和_____两种。
6. 倾听别人讲话，必须做到_____、_____、_____，同时还要辅以其他行为和态度，只有这样才能表现出对说话者的尊重。

二、选择题（根据每小题后面给出的答案，选择一个或几个正确答案，把选项填在每小题后面的括号中）

1. 在正式的交往场合中，称呼应当（　　），以表示出对称呼对象的尊重和友好。
   A. 庄重　　　　B. 得体　　　　C. 随意　　　　D. 规范
2. 公务活动中用职务称谓的现象已相当普遍，常用的职务称谓有（　　）。
   A. 用职务称呼　　　　　　B. 学术性职称
   C. 职业尊称　　　　　　　D. 专业技术职称
3. 根据惯例，客运服务人员在为服务对象引导时，应走在服务对象的____大约____处较为合适。（　　）
   A. 右前方　1.5米　　　　B. 左前方　1.5米
   C. 右前方　2米　　　　　D. 右后侧　1.5米
4. 客运服务人员与服务对象之间的非语言交流，除了"看""听"以外，还应注意交谈中的姿态，善用（　　）。
   A. 表情语　　　B. 体态语　　　C. 手势语　　　D. 界域语
5. 引导服务需要"三勤"，即（　　）。
   A. 眼勤　　　　B. 嘴勤　　　　C. 手勤　　　　D. 腿勤

三、判断题（下面的语句表述是否正确，请在每句话后面的括号中填写"正确"或"错误"）

1. 在正式场合中，如果碰到久别重逢的老朋友，为了显示亲切，可以当着其他客人的面使用对方的绰号来称呼对方。　　　　　　　　　　　　　　　　　　　（　　）

2. 在为他人做介绍时，应该坚持受尊敬的一方有了解对方优先权的原则，所以一般的顺序是先将长者、女士、身份高的人介绍给对方。（   ）

3. 如果进入无人管理的电梯，引领者应当先进后出，以方便控制电梯。如果是有人管理的电梯，则应"后进后出"。（   ）

4. 引领人员引领旅客上楼时，应走在旅客的左前方；与尊长、女士同行，应请尊长、女士走在前面。下楼梯时，应请尊长、女士居后。（   ）

5. 无论进出哪一类的门，引领人员在接待引领时，一定要"口""手"并用且到位，以显示出对旅客的尊重和关心。（   ）

6. 客运服务人员在与旅客交谈时，当不认同旅客的观点时，可直接发表自己的观点。（   ）

7. 在与旅客交谈中，客运服务人员为了能够更准确表达自己的观点，应多多借助肢体动作。（   ）

8. 初次与人见面时，为了更全面地了解对方，应该主动询问对方的年龄、职业、收入、信仰等。（   ）

四、简答题

1. 与旅客交往中应注意哪些礼仪规范？
2. 与旅客交谈的基本礼仪规范有哪些？
3. 行进在路上，服务人员引领旅客在路上行进时，应注意哪些问题？
4. 为他人做介绍时，应注意哪些问题？

五、论述题

1. 论述客运服务人员如何成为一个真正会说话的人。
2. 论述如何做到善于聆听服务对象的谈话。

模块 8

铁路客运主要工作岗位服务礼仪

学习目标

1. 明确服务礼仪在站车服务工作中的运用，以提高客运服务人员在工作中运用礼仪的自觉性。
2. 明确车站客运服务工作的主要服务环节，以及各服务环节的基本礼仪要求。
3. 明确列车服务的主要服务环节及各服务环节的服务标准与服务话术。
4. 学会处理旅客投诉的方法，提高与旅客的交往水平。

内容概要

铁路作为旅客出行的主要交通工具，在旅客运输市场中发挥着重要的作用。随着我国旅客需求市场的不断变化，铁路运输企业提升客运服务质量，提高旅客满意度已刻不容缓。要提高铁路客运服务水平，客运服务人员掌握并熟悉客运服务岗位的规范流程及服务标准是十分必要的，这是做到优质服务的基础。在本模块中，我们力求使广大客运服务人员更加直观、形象地了解铁路站车优质服务的基本原则以及铁路站车服务工作中的细节，从而更好地展示铁路客运服务人员的精神文明风貌和铁路优秀的企业形象。

建议课时

2课时

单元 8.1 车站服务礼仪基本要求

车站是铁路企业面向社会的一个"窗口"，车站客运服务人员在岗位上面对旅客时，应该做到精神饱满、仪容整洁、举止大方、服务规范、认真执行服务标准和作业程序，充分展示铁路职工的精神文明风貌。车站服务分为有形服务和无形服务。有形服务如车站售票、检票、广播宣传、卫生清扫、出站引导等，而无形服务指客运服务人员在工作过程中带给旅客的精神感受。车站客运服务人员在掌握车站旅客服务质量标准及作业流程后，必须掌握车站服务礼仪的规范和要求，这样才能让旅客感受到更好的精神服务。

客运服务人员提供的无形服务主要表现在仪容仪表、言谈举止、工作态度、职业道德、个人修养等多个方面。有形服务是服务的基础，无形服务是服务工作的内涵，也是客运服务人员的基本素质。在牢记旅客服务质量标准、掌握职业技能的基础上，还必须在工作中展现出良好的礼仪风范。铁路车站服务礼仪规范主要包括以下几个方面。

一、售票工作人员服务礼仪

窗口售票工作是直接与旅客接触的岗位，售票工作人员在售票过程中的服务礼仪是否到位，直接影响着旅客对铁路服务工作的评价。

（1）窗口售票工作人员上岗时应穿统一制服。制服要整洁、得体、规范；鞋袜、领带等要佩戴整齐；胸卡、肩章等服务标志要正确佩戴在指定位置。男性窗口售票工作人员不留长发、胡须，女性窗口售票工作人员发不过肩，不披头散发。

（2）窗口售票工作人员坐姿应规范，售票时应用亲切、大小适中的声音向旅客问好，同时准确地为旅客售票。如遇售票高峰，应用简练的语言配合熟练的电脑操作，快捷而准确地售票，以减少旅客排队等候的时间。

（3）售票时，应做到热情周到。对反复问话、耽搁较多时间的旅客，不要表现出厌恶情绪，不能对旅客说"到底买不买？不买别碍事！"或者说"没有了！卖完了！不知道"，把旅客打发走，这会给旅客留下极坏的印象。严禁与旅客发生口角，这样做会对铁路企业形象带来严重损害。

（4）如果旅客没听清自己所讲的话，应加大一点音量并稍加解释。如果听不清楚旅客所讲的话，可以把纸笔递给他，让他把相关要求写在上面，以免误售车票。

（5）客流量较大、票额紧张、某车次车票已售完时，应替旅客着想，向旅客推荐其他车次，可对旅客说："对不起，××车次已售完，但去往上海方向的还有××次车，时间都差不多，您可以考虑一下。"或者说："对不起，去往上海方向的车票已全部售完，您可以选择在南京中转。"

二、安检工作人员服务礼仪

实名制验证及"三品检查"工作，对于维护车站及列车安全至关重要，不得有丝毫怠慢。许多旅客在安检的过程中经常会有不耐烦、不理解的情绪，因此安检工作必须更加重视服务礼仪规范。

（1）安检引导员应采用规范的站姿立岗，使用文明用语，请旅客主动出示有效身份证件及车票，同时主动伸手帮旅客把大包、重包放到安全检测仪上或抬到桌上进行检查。

（2）根据客流情况对旅客予以分流，以便旅客能够尽快接受安检。引导前一位旅客安检的同时，提醒下一位旅客做好准备，以加快安检工作速度。

（3）安检过程中，对旅客携带的物品有疑问时，安检处置员不要当着其他旅客的面检查包内的违禁品，应把包拿到处置台进行开包检查。

（4）安检处置员查包时态度应和蔼，使用文明用语，对旅客的包裹要轻拿轻放，以免损坏。查包时应尽量由旅客自行打开，女包女检。安检处置员查包时，应有公安人员在场监督。

铁路客运服务礼仪

（5）安检处置员若发现违禁品，应保持平和的心态，耐心、和蔼地向旅客详细指出哪些物品属于违禁品，及时将违禁品没收，严禁旅客将违禁品带进站、带上车。若未发现违禁品，应当立即对旅客的支持表示感谢。

（6）安检处置员查包完毕后，要将包内物品按照原来的摆放顺序复原并拉好拉链，再主动将包裹交给旅客。

（7）安检身检员使用手持式金属探测器对旅客进行全方位探查，对手持式金属探测器报警时所对应的部位要进行触摸检查，要严格执行"男不检女"的规定。

（8）如果因安检岗位人员工作不慎而损坏了旅客的物品，要立即向旅客赔礼道歉，同时承担赔偿责任。

（9）安检完毕后，应向旅客表示感谢，说："对不起，给您添麻烦了，祝您旅途愉快，再见。"

三、检票口工作人员服务礼仪

（1）检票口工作人员应及时掌握列车运行情况，积极配合车站广播室及时、准确、清楚地通告列车运行情况，语言温和、语速适中，让旅客做到心中有数。

（2）检票时应组织好检票秩序，提前在检票口挂出指示牌并通过电子引导装置将检票信息不间断地显示，可采取分段检票、分行检票等方式组织检票，使检票作业井然有序、安静、文明。

（3）检票时，应做到"一看，二唱，三剪下"，动作要干净利落。与旅客对话时，要注意微笑面对旅客，说话语调要平和，吐字要清楚，态度要和蔼。注意使用文明用语，对旅客说："您好，请出示您的车票。"

（4）如果发现个别旅客扰乱检票秩序，应用和蔼的语气劝阻他："对不起，这位先生（女士），请您排队检票。"切记大声呼喊、训斥、推搡旅客，对于少数屡劝不止的旅客，必要时可以用手或身体挡在他的前面，态度严肃、语气坚定地进行劝阻。

（5）检票后，主动把车票递到旅客手中，不要等旅客到你手中来取。交还车票时可以说："拿好您的车票，请慢走。"

（6）停检后，遇匆忙赶来的旅客应制止其强闯检票口，同时用和蔼亲切的语气耐心地予以安慰，可帮助旅客出主意："先生（女士），您别着急，您改乘××次列车同样可以到达。您可以去售票处办理改签手续。"切不可对旅客刻薄、生硬地埋怨，甚至冷嘲热讽。

四、问询处工作人员服务礼仪

问询处是旅客求助的中心，应为旅客提供整洁明亮的问询环境和设施先进的问询设备。问询处尽量采用"开放式"的设计，让旅客与服务人员面对面进行交流。有条件的车站还应安装触摸式电子查询设备，供旅客自助查询。另外，问询处还应提供丰富的问询资料供旅客翻阅。

（1）问询处工作人员应着装规范，头发整齐，精神饱满，面带微笑，服务期间采用标准站姿。男性问询处工作人员不留胡须，不佩戴任何金银首饰和装饰品。女性问询处工作人员不化浓妆。

（2）旅客走来时，应面带微笑地正视旅客并彬彬有礼地问上一句："您需要帮助吗？"这有利于消除旅客的焦虑和不安情绪，双方可在融洽的氛围中交流。

（3）其他岗位的工作人员面对旅客询问时，应热情地回答旅客的提问。各岗位的工作人员在车站内行走时遇到旅客问询，应停下脚步，面带微笑，关切地问旅客："先生（女士），您有什么事需要我帮忙吗？"

（4）面对旅客的询问，应正视旅客，全神贯注地倾听。注意不要随便打断对方的问话，让对方把话讲完。需要插话时，应当在对方讲话告一段落后再进行。不要直接否定对方的讲话，更不要"抬杠"，如果没有听清旅客的问话应说："对不起，请您再说一遍，好吗？"

（5）回答询问时要使用普通话，声音大小适中，语气要温和、耐心、愉快，回答内容要准确。应注意对旅客一视同仁，不以貌取人，以丰富的业务知识和自己的热情与真诚来赢得每位旅客的信任。当旅客向你表示感谢时，应微笑并谦逊地回答："不用谢，这是我应该做的。"

（6）解答旅客询问，不知道的事项或不确定的事项不要信口开河，也不能敷衍旅客。应严格执行"首问首诉"负责制的规定，解答或解决问题直到旅客满意为止，做到问询工作有始有终。

（7）当旅客咨询站外地点的方位时，应清楚、详细地告诉对方怎么走，必要时可以画一张路线图。

（8）问询处工作人员在问询服务中，应做到百问不厌、百问不倒。熟练掌握本岗位业务基础知识，多总结、多积累相关岗位的业务知识，对交通、旅游、购物、餐饮、住宿、医疗等相关延伸知识也应多收集、多了解，这样才能更好地为旅客服务，想旅客之所想，急旅客之所急，做到"问不倒，问不恼"。

（9）如果有多位旅客咨询，应从容不迫地一一作答，不能只顾一位旅客，而冷落了其他旅客。凡是答应旅客随后再做答复的事，一定要守信用，适时做出答复。

五、候车室工作人员服务礼仪

铁路车站候车大厅应保持整洁明快、清新高雅的候车环境，为此应讲究卫生宣传的艺术，让旅客自觉维护环境卫生。高速铁路车站是无烟车站，全站禁烟。须劝阻吸烟旅客到站外吸烟。旅客候车的过程中，高速铁路客运服务人员在为其提供候车服务时，要注意以下礼仪规范：

（1）遇到乱扔垃圾、破坏公物的旅客，要用文明的语言进行劝阻，让旅客感受到你对他的尊重。

（2）在劝阻吸烟旅客时，要和颜悦色地说："对不起，先生，本站是无烟车站，请您到站外吸烟，好吗？"然后利用手势为其指明方向，请求其配合。

（3）通过广播宣传相关规定时，尽可能避免使用生硬的语气，如"根据××部门的规定，一不准……二不准……否则罚款"。这种生硬的语气让人听后感觉很不舒服，甚至会使旅客产生逆反心理。

（4）可利用广播、电子指示屏等途径，进行候车服务引导，及时告知、引导旅客提前到达指定的候车、检票地点。特殊情况下，客运服务工作人员可走到旅客的身边，主动迎候旅客，随时为他们提供服务，指引他们前往准确的检票口，这会让旅客感到铁路职工训练有素、值得信赖。

六 VIP候车室工作人员服务礼仪

（1）对VIP旅客的服务应有度，既给服务对象足够的空间，又不能让服务对象在有服务需求时找不到人。

（2）引导VIP旅客时，一般走在VIP旅客前方左侧，与对方保持1米左右的距离，自己走在通道边缘，让VIP旅客走中间，避免背部挡住旅客视线。拐弯时，要先放慢脚步或停下来，回头并以手势配合说"请这边走"。走到阶梯处或有门槛的地方要提醒旅客注意，说"请脚下留意"或"请当心"。

（3）针对VIP旅客的服务语言要突出"礼"字，具体要求如下：
①待客"五声"：来有迎声（主动问候）；问有答声（有问必答、按时回答、如实回答）；去有送声；服务之前有提醒声；服务不周有道歉声。
②待客"四个不讲"：不尊重对方的语言不能讲，不友好的语言不能讲，不客气的语言不能讲，不耐烦的语言不能讲。

（4）和VIP旅客相遇时应立即起身，面带微笑，主动问候。在和VIP旅客交谈时，应首先主动介绍自己，表情要自然，面带微笑。声音的好坏不仅在于音质，更在于说话人的态度、语气和语速，要采用明确而亲切的说话方式。

七 出站口工作人员服务礼仪

旅客到站后，出站工作成为铁路旅客运输的最后一步。铁路车站客运服务人员贴心的服务，文明的礼仪，将会为旅客的旅行画上圆满的句号。出站服务主要由高速铁路车站站台客运员和出站口客运员承担。

（1）多数旅客刚下车时很难辨别方位，除通过广播适时宣传引导外，站台客运员应在刚下车旅客的身边，随时为旅客指明正确的出站方向，指示方向时四指并拢，掌心向上。

（2）站台客运员应保持出站通道的宽敞、明亮和站台的平坦、干净，积极疏导出站人群，对一些携带物品较多或行走不便的旅客，应主动帮助、搀扶，以保证出站队伍井然有序。站台客运员帮旅客拿行李要得到旅客的允许，并走在旅客身边，与旅客保持同速，以免被旅客误解。

（3）出站口客运员在出站口查验车票时，应着装整洁、精神饱满地站在岗位上，向旅客微笑致意，同时主动伸手去接车票，不要等旅客把车票递到自己的身前才去接，更不能让旅客把车票举到自己的眼前，这样做是对旅客的不尊重。

（4）旅客索要车票用于报销时，应及时将车票交还旅客。注意不要毁坏印有票价的部分。对旅客不要的车票，应及时收回，以免流失。

（5）发现旅客没有车票想混出车站时，不应大喊大叫、尖酸刻薄地训斥、挖苦；也不要用力拉拽或推搡旅客，可以用手或身体礼貌地挡住他，声音平和、语气委婉地请他到补票处去补票。

（6）遇见儿童超高需补票的情况，一定要先量儿童的身高，确定儿童身高超高再办理补票手续。测量儿童身高要先征得家长的同意，千万不可自行强拉儿童去测量身高。发现超高儿童时，可以主动走到儿童的身旁，俯下身来关切地询问："你叫什么名字？今年多大了？从哪里来呀？"以消除儿童的害怕和紧张情绪。征得家长同意后，可以拉着儿童的手说："小朋友，叔叔（阿姨）领你去量一下身高好吗？"如果儿童确实超高了，就应跟家长说："您看，您的孩子非常健康，已经长这么高了，该买儿童票（成人票）了。"

（7）补票时，应和颜悦色地用通俗易懂的语言描述相关的补费规定，并准确地说出应收费用，该补多少就补多少，不能含糊其词。向旅客解释的时候要耐心、亲切，不可表现出傲慢或不耐烦的情绪。

（8）旅客没钱补票或不愿意补票时，应注意避免与旅客争吵，更不能拿旅客的物品做抵押或接受旅客的赠品。碰上蛮不讲理的旅客可把他请到值班室，耐心和蔼地向他解释相关规定，等到他心平气和时再补票（补费），必要时可请公安人员出面处理问题，尽量避免与旅客产生摩擦，激化矛盾。

旅客到车站候车、乘列车出行，车站、列车就是一个大家庭。作为这个家庭中的一员，如果你能像对待自己的朋友和兄弟姐妹一样，用真诚的微笑、优雅的举止、亲切的话语、热情的服务接纳来自四面八方的宾客朋友，用辛勤的汗水为广大旅客创造一个文明和谐的候车、乘车环境，这样，不仅能给旅客带来惬意的享受和美好的回忆，还能反映出你高超的修养和待人的至诚，充分展现铁路人的优秀风采。

【单元微课 8-1】铁路车站服务礼仪基本要求

本单元微课请扫描二维码17。

【实训任务 8-1】车站检票口服务情景练习

1. 任务目的

通过车站检票口服务情景练习，让学生体会与感受检票服务的规范要求，并能较好地处理旅客所遇到的特殊情况，树立"为旅客着想是服务人员义不容辞的责任"的服务理念。

2. 任务内容

（1）让学生体会进站口查验车票的过程，重点练习检验车票时，客运服务人员要服务流程规范、仪容仪表得体、服务仪态大方、语气平和、吐字清晰、态度和蔼、用语礼貌等内容。

（2）有一位旅客误了检票的时间，很着急，扮演客运服务人员的学生帮忙解决旅客问题。

3. 任务步骤

（1）在教室设置一个虚拟车站检票口。

（2）将学生进行分组，每五人一组，一人扮演客运服务人员，其他四人扮演进站的旅客。先进行客运服务人员检票练习，之后由一位学生扮演误车的旅客，客运服务人员协助其解决问题；再之后，换一位学生扮演客运服务人员，其他学生扮演进站旅客，依此类推。

（3）第一组演示完后，学生进行点评，教师总结。之后，第二组开始演示，依此类推。

4. 任务总结

车站是铁路企业面向社会的一个"窗口"，车站客运服务人员在上岗时，应该做到精神饱满、仪容整洁、举止大方、服务规范、认真执行服务标准和作业程序，研究旅客需求，规范仪容仪表，提高服务水平，让旅客有宾至如归的感觉，充分展示铁路职工的精神文明风貌。

单元8.2　列车服务礼仪基本要求

列车乘务人员在作业过程中，面对形形色色的旅客和多种不同服务情景，在贯彻相关服务质量标准的基础上，还要遵守客运服务礼仪的规范与要求，这样才能让旅客感受到优质的服务。列车乘务人员在服务过程中，通过哪些细节可以彰显其礼仪风范呢？主要包括以下内容。

塑造积极热情的第一印象

"先入为主"的第一印象对于人的心理所产生的重要影响，相信大家深有体会。所以，迎宾服务作为旅客正式踏上旅程、接受列车提供的服务的第一步，显得非常重要（图8-1）。

1. 迎宾时的仪容形象

列车乘务员上岗时应穿着统一的制服，佩戴职务标志，还应适当化妆。

中国大多数男性对化妆的理解是有误区的，认为就是涂脂抹粉，是女性的事，大大咧咧、不修边幅才叫男人。可现在，在发达国家不论是总统还是一般职员，进入工作状态之前都是非常注意个人仪容的，化妆早已不是女性的专利。列车乘务员从事的是服务行业，而且正是在与旅客交往的过程中，完成列车乘务员的工作任务的；所以，列车乘务员面对的是广大旅客。男性乘务员理应重视自己的"门面"，学会修整打扮，用化妆扬长避短，因此在上岗前要洗漱、照镜，做些必要的化妆。例如，修剪鼻孔的毛须，若有汗味喷些香水，头发乱时喷点发胶等。

铁路客运主要工作岗位服务礼仪 模块 8

图 8-1

女性乘务员在上岗前化妆是非常必要的，但要把握"度"和自身的条件，一般应以淡妆为宜。美离不开自然，如果不自然，男人的潇洒、女人的妩媚便成了做作。

迎宾的仪容仪表可简要地归纳为发必齐，须必剃，甲必剪，妆必淡，衣必整，帽必正，鞋必净。

当然，美的仪容仪表是一个人生命活力的外表体现，是内涵与外在形体的高度统一。慧于中才能秀于外，一个人如果没有内在美做基础，是很难有美的行为举止和言语谈吐的。如果你想具有美的仪容仪表，还应努力培养高尚的道德情操和良好的气质风度，这样才能在旅客面前展示自己的最佳形象。

2. 迎宾时的语言声调

迎宾时要讲普通话，语调应亲切，音量要适中。这个时候我们可以让"十字"礼貌用语大显身手："请""您好""对不起""谢谢""再见"。同时，"别客气""请稍等""您慢上""请出示车票""请注意脚下"等基本用语也应当常挂在嘴边。恰当地使用敬语、谦语、雅语，有时可收到意想不到的效果。另外，"喂……""哎……""老头……""老太……"等粗言粗语、高声喊叫应当杜绝，因为无论何时，暖人心田的温言软语都比呼来喝去更容易让人接受。

3. 迎宾时的行为举止

站立是列车迎宾工作中最基本的举止，也是最重要的举止，所以站姿丝毫马虎不得。试想，如果在车门立岗时站姿不雅、掏耳抠鼻、叉腰抖腿、手插裤兜，给旅客一副大大咧咧、不修边幅的形象，那么即使其他工作做得再好，旅客对你的评价也要大打折扣。

正确的站姿应该是站得端正、稳重、自然。从正面看：身体正直，头、颈、躯和双腿应与地面垂直，两肩相平，两臂和手在身体两侧自然下垂；从侧面看：下腹微收，两眼平视前方，胸部稍挺，整个形体显得庄重、平稳。另外两脚间的距离以不超过一脚为宜。

迎接旅客应当文明、礼貌、热情、周到。遇到老人、儿童和行动不便的旅客要主动搀扶一下，"该出手时就出手"，给旅客留下亲切自然的第一印象。

二、针对普通旅客的服务礼仪

1. 始发迎客

（1）在座位的网兜内，整齐地放置相关的期刊和清洁袋。

（2）检查洗手液是否注满，喷头是否通畅，将车厢内电源插座外盖扣好。

（3）如果车厢内的空气不够清新，在旅客上车前，乘务人员可在车厢内喷洒少许的空气清新剂，洗手间内除喷洒空气清新剂外，还可将固体香水取下直接对准通风口，以起到祛除异味的作用。

（4）乘务人员的行李物品不能占用旅客行李架。

（5）乘务人员在车厢中与旅客相遇时，应礼让旅客，让旅客先行通过，并点头、微笑致意："您先请"或"您请过"。

（6）确保每个特等座位、一等座位的座椅靠背袋内应配备的清洁袋、免费读物和服务指南等杂志齐全。

（7）列车上应备有《全国地图册》、日常小用品、常用药品等。

（8）迎接旅客前，乘务人员须再次整理仪容仪表；旅客上车时，主动问候旅客，如遇老人等重点旅客上车时，主动上前搀扶，协助提拿行李。

（9）委婉提醒旅客找到座位后将过道让开，以便后面的旅客通过，但不得吆喝、推搡旅客，随时注意自身在疏通过道或协助旅客安放行李时是否堵住了过道。

（10）提醒旅客将大件物品存放在大件行李架上，小件物品按安全要求规范地放在座位上方的行李架上，要亲切、友好地提醒旅客不要将所携带的物品放在过道上，以免给其他旅客带来不便。

（11）协助老、弱、病、残、孕，以及行李过多、过重的旅客安放行李。

（12）在帮助旅客摆放行李时，要先经旅客同意，摆放时轻拿轻放，同时要注意将行李摆放在旅客视线范围内，并提醒旅客自行看管好行李。避免将行李摆放在离旅客座位较远的行李架上，尤其是老年旅客的行李，要尽量放置在其座位的下方、上方或前方，避免其因无法照看而感到不安。

2. 途中服务

（1）当旅客正在食用自带的食品时，可询问旅客是否需要清洁袋，可提醒旅客使用清洁袋。

（2）在车厢巡视时，要注意观察旅客，对神色异常的旅客及时给予关心和帮助。

（3）为旅客提供服务时，要使用规范的服务用语。

（4）提醒旅客保管好笔记本电脑等贵重物品或易碎物品。

（5）乘务人员在车厢中走动时，动作要轻，避免碰撞正在阅读报刊或休息的旅客，拉帘子的动作要轻并要提前和旅客打好招呼，避免惊扰旅客。

（6）为商务座旅客提供饮品时，主动协助其打开小桌板。

（7）为商务座旅客送茶和咖啡时，可使用杯托。

（8）为商务座旅客服务时，要留心观察，要做到主动服务、细微服务。

3. 餐食服务

（1）餐车加热、供应餐食时，服务人员戴口罩、手套；女性穿围裙。

（2）旅客预定的特殊餐食要优先提供。

（3）用委婉的语言提醒前排旅客调整座椅靠背，以方便后排旅客用餐。

（4）为老、弱、病、残、孕旅客提供餐食服务时，要征求旅客意见，在征得其同意后，帮助其打开餐盒。

（5）为旅客提供餐饮服务时要主动协助旅客放下或取出小桌板。

（6）乘务人员为旅客送热饮时要提醒旅客小心烫手。

（7）如有旅客在餐饮服务时提出其他需求，要尽可能及时满足；如当时无法满足，为了避免遗忘，可将旅客的需求、座位号记录下来并尽快给予满足。

（8）禁止将热饮或杂物从旅客头顶上方掠过，旁边旅客协助递送时须及时向提供帮助的旅客致谢。

（9）服务过程中时刻提醒旅客注意安全，劝阻儿童不要在过道上玩耍。提醒儿童的监护人加以注意。

（10）注意礼貌用语；对旅客提出的需求尽可能满足，确实无法满足时，委婉地向旅客说明原因，取得旅客的谅解。

4. 巡视车厢

（1）乘务人员须保持口腔清新，避免口腔异味干扰旅客。

（2）要保持洗手间干净、卫生，如部分洗手间马桶异味较大，须及时清理。

（3）打扫洗手间时须关上洗手间的门，以免冲水的噪声和异味打扰旅客。

（4）乘务人员单独回答旅客询问时，需欠身或采用蹲式服务，音量以不影响其他旅客休息为宜。

（5）巡视车厢时避免碰撞看报或休息的旅客，如不小心碰撞到旅客，应及时真诚地道歉。

（6）旅客把报纸伸出过道阅读时，乘务人员应委婉地要求旅客把过道让出并及时对旅客的配合表示感谢。

（7）提醒大声喧哗的旅客保持车厢的安静，要注意说话的态度及语气，充分尊重旅客，说话要委婉，而不能用严肃的命令式劝阻法。

（8）乘务人员在工作中应时刻保持良好的精神面貌和训练有素的举止。

（9）耐心倾听旅客的各种抱怨，力所能及地满足旅客的要求。

（10）避免谈论有争议的话题，避免与旅客长谈。

（11）列车快到站时，应及时将预计到站时间和到达地告知旅客。

（12）送客时，对行李较多的旅客应提供适当的帮助，当其堵住车厢通道时，应主动上前帮助旅客提拿行李。

5. 其他服务

（1）旅客丢弃在车厢通道上的杂物，要及时清理干净。

（2）注意观察旅客用餐的情况，及时回收旅客用完的餐盘及食品包装，回收时应避免将餐食的汤汁溅落在旅客身上。

（3）当旅客睡觉时，可协助旅客关闭阅读灯、拉上窗帘，根据旅客休息情况调暗车厢灯光。

（4）旅客休息时，主动提醒旅客头朝窗户方向，避免餐车或行人碰撞其头部。

（5）旅客休息时，应及时收走小桌板或座椅口袋中的杂物，避免杂物影响旅客休息，对于有水的水杯应及时收走或将盖子拧紧，以免水泼洒到旅客身上。

（6）旅客睡着时，实行"零干扰"服务。

三、针对特殊重点旅客的服务礼仪

1. 孕妇、儿童及怀抱婴儿的旅客

（1）孕妇旅客上车时，应主动帮助其提拿、安放随身携带品。

（2）向孕妇旅客多提供几个清洁袋，主动询问孕妇旅客的乘车感受，随时给予照顾。

（3）下车时，乘务人员可协助孕妇旅客提取行李。

（4）儿童旅客上车时可弯腰向其问好，以表示欢迎及爱护。

（5）要善意地要告知儿童旅客的监护人，在列车运行期间不要让孩子随便跑动，以免发生危险。

（6）主动告知怀抱婴儿的旅客婴儿护理台的位置及使用方法。

（7）主动帮助怀抱婴儿的旅客提拿行李并将行李安放整齐，事先提示其把婴儿用的物品取出，放在便于拿取的位置。

（8）用餐时，提醒怀抱婴儿的旅客及周围的旅客注意避免将小桌板上的饮料（尤其是热饮）泼洒到婴儿身上。主动询问怀抱婴儿的旅客是否需要为婴儿准备食物，是否要冲奶粉，有无其他特殊要求等，为婴儿准备热水时，用小毛巾或餐巾纸将冲好的奶瓶包好，递给照顾婴儿的旅客。

（9）要时刻关注怀抱婴儿的旅客，但除非旅客请乘务人员帮忙，否则不要主动去抱婴儿。

（10）对于经过批准上车的无人陪伴、单独乘车的儿童，须随时关注其情况并向其提供必要的帮助。

（11）列车到站时，与接站人员做好无人陪伴、单独乘车儿童的交接工作。

2. 老年旅客

（1）行动不便的老年旅客上车时，需主动上前搀扶并将其送到座位上。

（2）由于老年旅客听觉较差，经常听不清楚广播内容，乘务人员应主动告诉其广播内容并向其介绍车厢服务设备、洗手间的位置等信息。与老年旅客讲话时，音量要提高，但要注意保持友好亲切的说话语气和服务态度。

（3）为老年旅客提供饮料时，应主动介绍饮料的相关情况，提醒老年旅客该饮料是否含有糖分。

（4）老年旅客在用餐时，在征得其同意后，可主动为其打开餐盒及刀叉包。

（5）旅途中经常看望老年旅客，主动问寒问暖。工作空余时多与他们交谈，消除老年旅客的寂寞。

（6）到达目的地后，提醒老年旅客别忘记所携带的物品，搀扶其下车，与接站人员做好交接。

3. 伤残旅客

（1）了解伤残旅客的到达站并将到达时间、换乘车次及时间等信息通过语言、手势或文字等多种有效的方式告诉伤残旅客。

（2）将车上设备的使用方法、洗手间位置、餐饮品种等内容通过语言、手势或文字等多种有效的方式告诉伤残旅客。服务过程中要尊重伤残旅客的意愿。

（3）将伤残旅客安排在离车门较近的位置。

（4）伤残旅客就座后，应主动询问其是否需要枕头或毛毯。

（5）对于下肢伤残的旅客，应及时用小纸箱等物品协助其垫高下肢，尽量使其感觉舒适。

（6）乘务人员在为伤残旅客（特别是刚受伤的旅客）服务的时候，应保持正常的心态，以免伤其自尊心，不可出现歧视、怜悯等态度。

（7）在供应饮料和餐食时，应帮助伤残旅客放好小桌板，在征得其同意后，帮助其打开餐盒。

（8）无人陪伴的伤残旅客去洗手间时要主动搀扶。

（9）到站后，帮助伤残旅客下车并与接站人员做好交接。

【单元微课 8-2】铁路列车服务礼仪基本要求

本单元微课请扫描二维码18。

【实训任务 8-2】针对特殊重点旅客的服务礼仪

1. 任务目的

通过练习，让学生意识到针对列车上特殊重点旅客的服务要有不同的服务内容，并且应当主动去满足这些特殊旅客的个性化需求。

2. 任务内容

有一位腿部受伤的旅客拄着双拐上车，行动很不方便。看到这种情况，在车门口迎接旅客的列车乘务员主动迎了上去，帮助这位旅客拿行李，并把他引领到座位上。整个旅途中，列车乘务员经常来关照这位旅客，这位旅客对列车乘务员的服务非常感动。

3. 任务步骤

（1）教室虚拟为列车车厢。

（2）将学生进行分组，两人为一组，一人扮演腿部有伤残的旅客，一人扮演列车乘务员，两人按情节内容进行表演；之后，两个人角色互换，再次进行表演。

（3）两位学生角色互换表演完之后，学生进行点评。

（4）最后教师总结。

4. 任务总结

列车是铁路完成旅客位移的设备，是流动的旅客之家。当旅客手持车票来到车门口，既是列车履行运输合同的开始，也是列车乘务员迎宾服务的开始。列车服务首先从给旅客良好的第一形象开始，接着通过列车乘务员的主动服务、细致服务、超值服务，来赢得旅客的认可。

单元8.3　列车乘务员服务标准与语言规范

列车乘务员是做服务工作的，在列车乘务员的工作中，更加强调的是对旅客的重视、恭敬和友好，这是列车乘务员必须要做到的一点，也是服务礼仪的核心。掌握了这一点，就等于掌握了礼仪的灵魂。

服务的经典在于细微之处，细微之处见真情，做服务就是做细节，就是做小事。服务的经典在于做好每一个细节，服务本身就是一项细节性工作，服务越细致入微，顾客越能感到体贴和被尊重，这样的服务就难以让人忘怀。当旅客为某种服务满意时，其实就是在心理上获得了对方对自己的尊重。列车乘务人员明确在列车上为旅客服务的接触点以及各接触点的服务内容、服务标准、服务话术，可以更有效地为旅客服务，提高服务水平。表8-1是列车乘务员通用的在列车上为旅客服务的主要的服务接触点、服务内容、服务标准与服务话术。

列车乘务员服务标准与语言规范　　　　　　　表8-1

序号	服务接触点	服务内容	服务标准	服务话术
1	立岗	迎送旅客	在规定位置立岗，迎接旅客上车，面带微笑，附带手势引导方向	您好，欢迎乘车，注意脚下安全，小心站台空隙（落差）。××号车厢在×手边。
2			两列车同站台，立岗时提示车次，防止旅客上错车	您好，××次欢迎您，这边请。
3			在规定位置立岗，送别旅客，微笑、鞠躬	（1）请慢走，注意脚下安全，注意站台空隙（落差），欢迎下次乘车！ （2）再见！欢迎再次乘车！
4	引导旅客	引导就座	察觉旅客寻找席位困难时，主动帮助指引位置，并帮助其安置行李	（1）您好，我来帮您找座位吧，请跟我来！ （2）您好，您的位置在×排×号，我带您过去吧。
5		席位错误	发现旅客乘坐位置错误，妥善解决，指引正确位置，帮助拿行李	女士/先生您好，我能看一下您的车票吗？可能有点误会，这里是××车×排座，您的座位是××车×排座（您的座位在那边），我帮您把行李拿过去，好吗？
6	车厢整容	摆放行李	发现旅客摆放行李位置不当，或存在安全隐患时，主动上手帮助安置。行李架摆放整齐，平稳牢固，大不压小、重不压轻，长顺短横，较重的大件物品和铁器等放入大件行李区	（1）您好，我帮您安放行李吧。 （2）您好，我帮您调整一下行李。 （3）女士/先生，您好，这是行李架的接缝处，中间有两根支架，请不要在支架上摆放行李，以免架空滑落，谢谢配合。 （4）女士/先生，您好，请稳妥摆放行李，不要放在行李架连接处凸起的地方，以免物品掉落砸伤自己或其他旅客，感谢您的配合。

续上表

序号	服务接触点	服务内容	服务标准	服务话术
7	车厢整容	摆放行李	发现旅客行李过大，阻碍通道时，主动劝说旅客将行李放置在大件行李区，指引方向，上手帮助安置，提示旅客做好自行看管	（1）女士/先生，您好，请将行李放入大件行李区。 （2）女士/先生，您好，行李放在这里影响通行，请您挪到大件行李存放处，不方便的话，我来帮您拿？ （3）女士/先生，对不起，您不能把行李放在这儿，基于安全原因，过道不能堵塞。您可以放在大件行李区内。谢谢您的配合。 （4）女士/先生，您好，请问这个行李是您的吗？这个行李超出行李架太多，为了您和其他旅客的安全，请您放在车厢最后一排座席后面或者车门口的大件行李区，途中到站时请留意，以防其他旅客错拿行李，下车时不要遗忘在列车上。感谢您的配合。 （5）请问，这是哪位旅客的婴儿车？您好，女士，按照规定婴儿车是不可以放到行李架上的。列车启动后，很容易掉下来砸伤旅客，车厢另一端设有大件行李区，您可以把车放到那里。感谢您的配合。
8		小桌板提示	发现旅客将较重的行李或将儿童（婴儿）放置在小桌板上时，主动劝阻、提示，说明原因，态度和蔼	（1）女士/先生，您好，小桌板（茶桌）承重有限，请您把它放在行李架上。 （2）女士/先生，您好，打扰了，列车上小桌板只能承载轻质物品，请您爱惜车上的设施设备，感谢您的配合。 （3）女士/先生，您好，小桌板的承受能力有限，请不要让小朋友坐在小桌板上，以免发生意外。如需对婴儿进行护理，请到××号车厢的无障碍卫生间，那里设有婴儿护理台。
9		衣帽钩提示	发现旅客将重物挂放至衣帽钩，主动劝阻、提示，说明原因，态度和蔼	您好，衣帽钩承重有限，仅限于挂衣服和帽子，您的包可以放行李架上。感谢您的配合。
10	巡回服务	给旅客让路	服务中与旅客相遇应主动侧身面向旅客礼让，附带手势	（1）您先请。 （2）请您先过。 （3）您好，这边请。
11		越行旅客	停步，等旅客示意或配合后越行	对不起，借过一下（劳驾），谢谢！

续上表

序号	服务接触点	服务内容	服务标准	服务话术
12	巡回服务	干扰声明	巡回服务不得已干扰旅客时,主动致歉,态度和蔼	(1)您好,不好意思,打扰到您了。 (2)给您添麻烦了。
13		征询用语	察觉旅客有困难,主动询问	(1)女士/先生,我能为您做些什么吗? (2)女士/先生,我能为您效劳吗? (3)女士/先生,需要帮助吗? (4)女士/先生,请问您哪里不适呢?
14		安全提示	发现旅客有倚靠车门、手扶门框等不安全行为或卫生间地面积水(存在摔伤隐患),主动提示,态度和蔼,音量适中	(1)先生/女士,您好,为了您的安全,请不要倚靠车门。 (2)先生/女士/小朋友,您好,请不要手扶门框,容易挤伤手指。 (3)先生/女士,您好,车厢厕所地面难免会有湿滑,请照看好您的孩子,防止滑倒摔伤。
15		危险品检查	发现旅客携带品可疑时,引导旅客到乘务室(独立空间)开包检查,保护旅客隐私,注意语气	您好,为了列车安全,请配合我们到乘务室(功能室)开包安检,谢谢!
16		防盗提示	发现旅客贵重物品外露,或没有安置好随身物品时,及时提醒,防止丢失被盗	您好,请您妥善保管随身携带品或贵重物品,防止丢失被盗,谢谢配合。
17		超员提示	发生列车超员时,均衡疏导旅客,帮助提拿行李,说明原因,防止动车组发生集重停车,影响列车运行	(1)对不起,现在车厢内旅客较多,列车××车厢已处于超员状态,请大家互相关照一下,往××车厢挪一下脚步,以免当前车厢超员过多,造成集重停车,耽误您的旅行。感谢您的合作! (2)列车现在已经超员,如果您购买的是无座票,请往车厢里面走,保持车门通道畅通。感谢您的配合。
18		重点服务(重点关注、旅客如厕、送水)	1.加强对重点旅客、委托同行人和周围旅客帮忙照看,语言简练、清晰。 2.重点旅客如厕前,主动帮助,进行安全提示,指示紧急呼叫按钮位置,确保安全。 3.为行动不便的重点旅客送开水。倒水不宜过满,主动帮助旅客打开小桌板,防止烫伤	(1)您好,您现在好些了吗?有什么能帮助您的吗?如果有需要,请及时呼叫我们!(对旁边旅客)您好,这位旅客如果有什么身体不适,麻烦您立即通知我们,谢谢! (2)您好,请用开水,小心烫。 (3)您好,需要续杯吗?

续上表

序号	服务接触点	服务内容	服务标准	服务话术
19	巡回服务	到站提醒	1. 遇广播机故障或超员时，面对大多数旅客进行集中通告，吐字清晰。 2. 终到站前，做好宣传，为快速恢复车容创造条件	（1）各位旅客，××站快要到了，请下车的旅客提前做好准备，到车厢两端车门等候。 （2）您好，女士/先生，列车就要终到了，请您调直靠背、收起小桌板、脚踏板。谢谢配合。
20		设备故障提醒	卫生间、电茶炉故障不能修复，及时悬挂故障提示牌，引导旅客到邻近车厢使用并致歉	女士/先生，对不起，这个卫生间（电茶炉）因故障，暂时无法使用，请您到××车使用，由此带来的不便，请您谅解。
21	卫生清扫	扫擦地面	清扫工具不要碰触旅客和其携带品，需要旅客移动携带品时，先行问询，得到旅客允许，方可作业	（1）请抬下脚，谢谢。 （2）您好，方便挪动一下行李吗？
22		更换清洁袋	先收取旧袋，再更换新袋	您好！为您换一下清洁袋。
23		收取杂物	征得旅客同意后收取，不触碰旅客	您好！这个您还需要吗？
24	查验车票	验票通告	在广播宣传后，进行口头通告，声音不宜过高，以两格座椅旅客能听见为准。按列车长通知同步相对（相背）方向进行查验车票	各位旅客，列车现在开始验票，请您出示车票及身份证。
25		验票应答、禁烟提示	验票前先使用PDA，根据车内客流情况确认就座旅客或座席剩余情况。查验车票时需双手接票，并及时解答旅客问询，告之前方站下车旅客到站时间。同时，对旅客进行禁烟安全宣传	请收好您的车票。到达××站的时间是××时××分。请不要在车内任何区域吸烟，包括卫生间。感谢您的配合，祝您旅途愉快。
26		补票（费）提示	对票证、减价不符、携带品超重及旅客有车补、延长等业务办理需求的，要解释清除，及时通知列车长处理。遇到不理睬、不配合的旅客，不能计较，可略微提高音量，态度和蔼	（1）女士/先生，对不起，根据铁路规章，您需要补交票款/差价/携带品运费。谢谢您的配合。 （2）女士/先生，请出示您的车票，如果您没有来得及买票，可以办理补票手续。
27		儿童超高	发现并确认儿童超高时，告知监护人补票，必要时到门头进行测量，态度和蔼。如儿童鞋底较厚，应减去鞋底厚度	（1）女士/先生，您的孩子身高已经超过1.2米了，请您为孩子购买儿童票。 （2）女士/先生，您的孩子身高已经超高1.5米了，请您为孩子补票。

续上表

序号	服务接触点	服务内容	服务标准	服务话术
28	查验车票	应对旅客验票反应	妥善处理旅客对验票的反应，安抚旅客情绪，按照规定，耐心解答	（1）旅客：为什么总查票？ 乘务人员：女士/先生，您好，实名制查验车票主要是核对您的车次和到站，避免您误乘列车或坐错座位，还能及时发现老、弱、病、残、孕等重点旅客，及需要提醒到站的旅客。因此，请您能支持和理解我们的工作。谢谢。 （2）旅客：为什么不查别人的票查我的？ 乘务人员：为了减少对旅客的干扰，我们仅核验交互系统显示空余座位上的旅客车票，您现在坐的座位显示无人，所以我们需要核对下您的车票，谢谢您的配合。
29	设备使用提示	供水服务	遇旅客取用开水时，告知电茶炉操作方法和安全注意事项，必要时帮助旅客打水，做好演示	（1）女士/先生，您好，如果您需要接取热水，请到列车连接处电茶炉，按红色按钮取水，注意安全，不要接得过满，盖好您的杯盖。 （2）女士/先生，您好，您接开水的时候要持续按压红色按钮，但是不要接得太满，以免烫伤自己或他人。摆在小桌板上的开水要注意拧紧杯盖，不要让小孩接触。 （3）女士/先生，您好，每节车厢端部均设有电茶炉，您在接开水时不要接得太快以免烫伤自己，谢谢！ （4）女士/先生，您好，接开水时不要接得过满，以防溢出，回座位时，请拧紧杯盖，防止烫伤。 （5）女士/先生，您好，如果您要泡面（茶），请多放一会儿，水温就会升高。
30			发现旅客不会使用感应水龙头时，告知方法并手动演示	女士/先生，您好，洗手池采用的是感应水龙头，您将手凑近水龙头，自动出水。

续上表

序号	服务接触点	服务内容	服务标准	服务话术
31	设备使用提示	充电提醒	旅客用电、充电时，主动介绍电源插座位置（结合实际车型），告知旅客不要使用大功率电器，并做好自行看管，防止丢失和被盗	（1）女士/先生，您好，车厢两端的墙壁和洗面间板壁上设有插座，充电时请您自行看管，以免丢失。 （2）女士/先生，非常抱歉，我们每节车厢只有×个充电插座，分别设置在车厢两端和洗手台墙壁，离开座位充电时，请您随身携带贵重物品，以免丢失。 （3）女士/先生，车厢电源载荷有限，请您不要使用大功率电器。感谢您的配合。 （4）女士/先生，您好，充电插座位于座席下方，充电时请您做好看管，充电完成后不要遗忘。感谢您的配合。
32		调节座椅	旅客准备调节座椅靠背时，主动告知并演示使用方法，事先提醒身后旅客，避免发生纠纷	女士/先生，您好，您的座椅靠背可以调节，调节时请按座椅扶手上的按钮，向后倚靠。操作时，请事先提醒后排旅客。在您前方座椅靠背口袋里设有清洁袋，供您扔置杂物使用。
33		座椅转向	列车到达固定转向站后，乘务人员配合广播进行口头宣传，并为有旋转座椅意向的旅客做好演示和提示，防止旅客物品丢失损坏	女士们、先生们，列车运行前方即将到达××站（转向站），列车到站后将转换方向运行。届时，您可踩下座椅外侧下部的旋转脚踏，轻轻推动座椅靠背旋转180度。旋转座椅前，请注意将自己的行李物品安放稳妥，防止损坏。
34		集便器提示	主动提示如厕或倒垃圾的旅客，防止真空集便器堵塞，影响厕所使用	女士/先生，您好，动车组列车卫生间采用的是真空集便器，您在使用时，请您不要将废弃物扔进便器内，以免造成堵塞，影响使用。
35	解答问询	接受问询	旅客询问前，主动表达，态度诚恳热心	您好，请问需要帮助吗？有什么可以帮您？愿意为您效劳。
36		首问首诉	本岗位无法解答时，要先致歉，指引至相应胜任岗位解答，并做好问题交接	不好意思，女士/先生，这个我不太清楚，您稍等，我去问一下列车长或×××，再给你答复可以吗？

续上表

序号	服务接触点	服务内容	服务标准	服务话术
37	解答问询	换乘疑问	旅客不出站便捷换乘不清楚时,使用规范用语,耐心解答,确保旅客快速准确换乘	女士/先生,您好,如果您已购买了换乘车票,可以直接从换乘通道直接换乘,×××站离换乘通道最近的车厢是×号车厢,您可以先在×号车厢门口等候下车,按照便捷换乘标识和车站工作人员的引导在站内换乘。
38	解答问询	处理旅客意见	旅客提出车内温度(广播音量)不合适,要积极响应,迅速解决问题	请稍等,我马上通知机械师或×××把温度(音量)调节一下。
39	解答问询	满足需求	态度诚恳、积极热心	好的,我们马上帮您解决。
40	解答问询	接受提议或建议	虚心接受,认真倾听或记录	(1)感谢您为我们提供的宝贵意见,我会如实反馈的。 (2)谢谢您为我们提供的宝贵意见,我们会认真处理的。 (3)您好,感谢您的建议,我们会积极跟上级部门反馈,解决问题。
41	解答问询	面对表扬	虚心致谢,可鞠躬致意	(1)感谢您对我们工作的认可。 (2)这是我们应该做的。 (3)我们做得还不够。
42	解答问询	不能满足需求	诚恳致歉,耐心解释,态度积极	(1)女士/先生,您好,很抱歉列车条件有限不能满足您的需求,请问您还有什么需要帮助,我们将尽力帮您解决。 (2)很抱歉,女士/先生,我们列车暂时不能满足您的需求,我们会将您反映的问题跟上级部门反馈,如果您有其他需求,我们会尽可能满足您的。
43	接受投诉	服务中遇有旅客投诉、质疑时	服务中遇旅客投诉(因设备或事件、服务质量),要诚恳致歉,先解决,再解释	(1)您好!对于发生的情况我们感到非常抱歉,我们一定积极处理,一定给您一个满意的答复。 (2)不好意思,是我们工作做得不够好,感谢您提出的建议,我们一定会好好整改。 (3)女士/先生,不好意思,由于我们服务不周,给您添麻烦了,请您原谅。 (4)先生/女士,对于刚刚发生的事情我们感到非常抱歉,发生的事情和造成的影响我们会尽力帮助您的解决。很抱歉没有将最好的服务提供给您,希望可以得到您的谅解。谢谢。

续上表

序号	服务接触点	服务内容	服务标准	服务话术
44	劝阻旅客不当行为	禁烟宣传	重点对饮酒旅客、如厕旅客、停站时准备到站台吸烟的旅客进行提示,并告知旅客不要使用自喷式压力容器(香水喷雾等),避免卫生间内烟感报警器报警	(1)您好,请不要在车内任何区域吸烟(包括卫生间),感谢您的配合。(2)您好,女士,请不要在卫生间内使用喷雾香水,否则可能产生烟火报警。(3)先生,您好,高铁动车组列车全列禁烟,为了您和他人的安全,请不要在列车上任何区域内吸烟,感谢您的配合!(4)您好,先生,动车组列车禁止吸烟,吸烟会导致列车减速、停车,请您不要在动车组列车上吸烟,谢谢您的配合。(5)先生,您好,××站停×分,时间很短,请您抓紧时间熄灭香烟,尽快上车。
45		劝阻越席行为	不卑不亢,提示旅客乘坐一等座(特等、商务座)需要补差价或返回原席位	您好!请问您是几号车厢?女士/先生,您好,您持的票是二等座的车票,这里是一等座(特等、商务座)车厢,如果您需要乘坐需要补差价,我们可以帮您联网看一下还有没有空余席位?对不起,女士/先生,联网帮您看过了,一等座(特等、商务座)席已经全部售完了,请您回到二等座席,这边请。感谢您的配合。
46		劝阻公免越席	劝阻持通勤、公免票旅客越席乘车	您好!请您到二等座乘车。感谢您的配合。
47			持票人仍坚持越席乘车时,表明态度,说清楚下一步处理方案	您好!如您坚持在本车厢乘坐,我们将按规定补收票价/对您的票证进行登记,并向上级部门反馈。感谢您的配合。
48		提示旅客打电话或说话音量	单独提示旅客,音量不宜过高	(1)女士/先生,不好意思,打扰一下,请您说话声音稍微小一点好吗,以免打扰其他旅客休息。感谢您的配合。(2)女士/先生,对不起,请几位降低音量,以免影响其他旅客休息。
49		劝阻摆弄车辆设备的旅客	对摆弄安全锤、紧急制动阀(按钮)等车辆设备的旅客要立即用手势制止,将旅客请到僻静处所	女士/先生/小朋友,请不要触碰车上的安全设备,以免发生意外。感谢您的配合。

续上表

序号	服务接触点	服务内容	服务标准	服务话术
50	劝阻旅客不当行为	劝阻旅客浪费用水行为	发现旅客洗手时用水多，应委婉的劝阻，及时引导旅客使用擦手纸，当发现洗脸间地面水迹较多时，应及时使用卫生间专用抹布擦净	女士/先生，您好！列车存水有限，请您节约用水。感谢您的配合。
51		劝阻儿童在车厢内跑动	对乘车儿童重点关注，主动提示家长或同行成年人有关儿童乘车注意事项。发现儿童在车厢过道单独行走、打水、上厕所等时，应主动询问并提供必要的帮助	女士/先生，请照顾好您的孩子，不要在车厢内跑动、攀爬座椅、手扶门缝、触碰电茶炉等，以免发生意外。感谢您的配合。
52		劝阻儿童哭闹	儿童哭闹时，提醒监护人处理	女士/先生，请您将小孩带到车厢连接处哄劝，尽量保持车厢内安静，共同维护良好乘车环境。感谢您的配合，祝您旅途愉快。
53		劝阻儿童干扰司机行为	加强邻近值乘司机室车厢和区域巡视，及时要求家长或同行成年人劝阻儿童吵闹、奔跑、嬉耍等行为	女士/先生，您好！这里邻近司机室，为了不影响司机驾驶，请让您的孩子保持安静（遇有小孩哭闹不止的，可提示：麻烦您将孩子带到那边连接处哄劝），以免干扰司机工作。谢谢您的配合。
54		违反铁路乘车管理规定，行为严重，对其正式交涉，告知后果	遇强占他人座位；无票乘车、越站（席）乘车且拒不补票或下车；因不文明行为不听劝阻或其他原因与其他旅客发生冲突；故意用身体或者物品阻挡列车车门关闭；在非紧急情况下，故意损毁列车设施设备或擅自开启列车车门和操纵列车紧急制动设备；殴打、辱骂列车工作人员；依据相关法律法规应予以行政处罚的；在动车组列车上吸烟或在其他列车的禁烟区域吸烟	女士/先生，您现在的行为可能会/已经造成列车晚点/影响列车安全运行/影响其他旅客乘车/给国家财产带来损失等（可根据具体事件说明），请配合我们的工作，停止某种行为，如果继续侵害铁路或其他旅客的合法权益，我们将报警处理，由公安部门依据相关法律法规对您采取必要的措施，并纳入征信系统，请您考虑一下可能产生的后果，停止现在这种行为。
55	应急处置	处置误乘旅客	要有耐心，语气要缓和。安抚误乘旅客情绪，告知解决方案	您好，我们很理解您的心情，请不要着急，我们会给您安排下一站下车。请您带好行李。到站后，车站客运工作人员会给您安排后续行程，请出示您的车票证件，方便我们开具交接凭证。

铁路客运主要工作岗位服务礼仪 模块 8

续上表

序号	服务接触点	服务内容	服务标准	服务话术
56	应急处置	晚点解释	晚点时安抚旅客,致歉,与列车长统一口径。旅客询问列车晚点情况时,铁路工作人员要耐心细致回答,维护旅客知情权,不得使用"不知道""没点"等不负责任的用语或有不耐烦表现	(1)很抱歉,列车将在××分钟后开车。 (2)很抱歉,由于天气或××原因,我们的列车晚点了,我们会及时为您提供最新消息。 (3)列车由于设备故障晚点运行(开车),预计晚点××分,由此给您带来的不便,敬请谅解,谢谢。 (4)工作人员正在积极抢修,请耐心等候。对此我们深表歉意。
57		晚点处置	晚点时掌握急需旅客状态,做好记录,积极协调,为急需的旅客联系换乘,提供最优化的旅行变更方案	请问您需要在哪里中转下车?好的,我们会积极为你联系换乘列车,请放心。
58		晚点送餐	晚点列车接收到调配食品后,应按照"先重点、后普通"的原则,组织客运、餐服人员向旅客有序发放	旅客们,由于列车晚点延误了您的旅行,我们深表歉意!现在列车为大家准备了应急食品,我们将按顺序送餐,老人、儿童优先,请您稍候。

【实训任务 8-3】 列车服务中,某些服务环节的服务标准与服务语言练习

1. 任务目的

通过练习,掌握列车主要服务接触点的服务标准与服务语言运用,以及为旅客服务的基本技能与技巧,进而提高自己的服务水平。

2. 任务内容

确定几个列车的服务接触点,结合服务标准与服务话术进行练习。

3. 任务步骤

(1)每三位学生为一组,确定几个服务接触点,并适当地加入一些简单的剧情;之后,由一位学生扮演列车员,其他两位学生扮演旅客,进行表演,重点把几个服务接触点的服务标准和服务语言规范表现出来。

(2)每组表演完后,学生进行点评。

(3)最后进行教师总结。

4. 任务总结

随着我国经济的飞速发展,旅客对服务提出了更高的要求,为旅客提供舒适、温馨、高品质的服务,是旅客所期待的。作为一名列车乘务人员,做好服务必须要按照服务的标准与服务的语言要求去做,这是做好服务的基础。列车乘务员每天要面对形形色色的旅客,所以,在工作中就难免遇到一些棘手的旅客及服务状况。列车乘务人员了解、掌握在为旅客服务时的"服务接触点""服务内容""服务标准"以及"服务话术",可以有效地提高自己的服务水平。

单元 8.4　旅客投诉处理

客运服务人员的服务出现纰漏就会招致旅客的不满，如果不能较好地处理旅客的抱怨，他就有可能向上一级单位投诉。任何一个组织，只要提供服务或产品，都有可能遇到投诉。铁路运输企业作为一个服务性行业，自然也不可避免地受到旅客的投诉。正确认识、妥善处理投诉是良好的企业形象和一流企业管理水平的体现。因此，作为直接服务于旅客的客运服务人员，尤其需要掌握投诉处理的相关知识，处理好旅客的投诉，提高铁路客运服务质量，切实维护铁路客运服务的良好声誉。

一　旅客投诉分析

随着社会的发展和进步，旅客越来越注重自己的权益问题。旅客选择铁路运输出行时，会对出行的本身和企业的服务抱有良好的愿望和期望值，如果这些要求和愿望得不到满足，他们就会抱怨，由此就会产生"讨个说法"的行为，这就是投诉。广义地说，旅客任何不满的表示都可以看作投诉。

1. 旅客投诉的分类

（1）按照投诉的表达方式分类。旅客感到不满后的反应不外乎两种：一是说出来，二是不说。据调查表明：在所有不满意的旅客中，有69%旅客从不投诉，有26%的旅客向身边的服务人员口头抱怨过，只有5%的旅客会向投诉管理部门正式投诉。这5%的投诉旅客所采取的表达方式可以分为以下三种：①当面口头投诉；②书面投诉；③电话投诉（电子投诉）。

（2）按投诉的内容分类。按投诉的内容主要可以分为服务设施投诉、服务项目投诉、服务环境投诉、服务态度投诉等。

（3）按投诉的性质分类。按投诉的性质可以分为有效投诉和无效投诉。当旅客的投诉属于正当权益维护时，则视为有效投诉；如果旅客的投诉属于无理取闹，则视为无效投诉。

2. 旅客投诉的原因（表8-2）

旅客感到不满的原因很多，有时候他们的抱怨是有道理的，而有时候，可能他们是在无理取闹。无论有没有道理，都要牢记"旅客投诉都是有原因的"。要想消除旅客的不满，就必须找到使旅客不满的原因。

旅客投诉原因　　　　　　　　　　　　　　　　　表 8-2

旅客自身原因	企业服务原因
（1）之前因某事而心烦意乱。 （2）想找个地方发泄。 （3）本来就是个强词夺理，不考虑他人感受的人。 （4）心情不好，看谁都不顺眼	（1）服务设施故障，影响其使用。 （2）服务环境脏乱，影响其心情。 （3）服务人员态度不好，不尊重旅客。 （4）服务人员工作效率低，旅客无法接受。 （5）旅客的问题不能及时得到解决。 （6）旅客的利益受到损失。 （7）旅客个性化需求不能得到满足

铁路客运主要工作岗位服务礼仪 模块 8

3. 认识旅客投诉

只要是服务行业，就无法避免消费者的抱怨和投诉，作为铁路客运服务部门，在服务中接到旅客的投诉是很正常的，所以，不能一味地恐惧投诉、厌恶投诉。需要对投诉有一个清醒的认识，这样才能更好地处理投诉，更有效地改进服务工作，提高服务质量。

作为直接面向旅客的客运服务人员，应当以积极的态度来看待旅客投诉。

（1）重视投诉。旅客的投诉大多是逆耳之声。许多客运服务人员把投诉当成一个"烫手山芋"，希望最好不要发生。可是对于一家企业来说，没有投诉的声音未必是个好消息。因为通过投诉往往可以暴露服务的薄弱环节。

（2）欢迎投诉。旅客的投诉可以使企业反思工作中的差距和不足。在投诉处理过程中，客运服务人员与旅客要进行充分的沟通，从而使得双方得到更深入的理解，因此，作为客运服务人员，既不需要对投诉感到尴尬，也不应带有畏惧和抵触的心理。

处理旅客投诉的原则

1. 解决问题之前，先处理好旅客的心情

美国一家汽车修理厂有一条服务宗旨："先修理人，再修理车。"什么叫"先修理人，再修理车"呢？一个人的车坏了，他的心情会非常不好，你应该先关注这个人的心情，然后再关注汽车的修理。对于铁路客运服务人员来说也是如此，每一位投诉的旅客，心情都不好，在处理旅客投诉时，需要先关注这个人的心情，让旅客先平息怒气，然后，再想办法帮助旅客解决问题。

2. 先向旅客真诚地道歉

遇到旅客的抱怨，应先说"对不起"。一句"对不起"降低了你，抬高了对方，并且也让对方受到了尊重。但是，服务人员常常会想：又不是我们的错，为什么非要道歉呢？前面说过，客运服务工作就是给旅客提供一段愉快的旅行，不论何种理由，旅客抱怨，就说明这段时间让旅客过得不愉快，这是事实。如果带着一种"是旅客不对"的心情去对待旅客的不满，不但不能消除旅客的不满，相反还有可能令旅客更加不满。只有道歉才有可能平息旅客的怨气。

3. 让旅客优先陈述自己的问题

面对旅客的抱怨，我们总是一味地辩解、解释，不给对方说话的机会。究竟是什么原因生气，希望怎么处理，不管你怎样想，如果不听旅客诉说，就不能相互理解。因此，无论如何，要认真、耐心地让旅客把话说完。旅客发完牢骚，也许气就消了。

4. 理解和包容旅客

有些旅客很少出门乘坐火车，更有些旅客对于铁路的设备设施以及有关规定不甚了解，对于旅客的一些无知和错误行为，客运服务人员要给予真诚地理解和包容。包容的核心是善意的理解。当发现旅客的某些行为违反规定时，只要给予旅客善意的提醒即可。虽然旅客的投诉并不都是对的，但那种得理不饶人的解决方法，必将会造成双方的关系紧张而不利于问题的解决。如果客运服务人员能够包容旅客，那么，由此而引发的冲突就能及时避免。

5. 共同寻求解决之道

在听完旅客投诉之后，工作人员首先要弄清楚旅客投诉和抱怨的原因，了解旅客的想

法，切忌在没有了解旅客想法之前就自作主张地直接提出解决方案。在协商解决时，不要推卸责任，不要指责或敷衍旅客。旅客的要求与处理方案不一致时，不能强迫旅客接受自己的处理方案，只有找到旅客与自己都能接受的解决方案，才能有效地使旅客的怒气消除。

三 消除旅客不满的技巧

当旅客怒气上升、针锋相对时，旅客没时间考虑应该对客运服务人员友好与否；此时，客运服务人员与之交往应掌握的要点是：客运服务人员的态度会感染他人，如果客运服务人员保持友好的态度，让旅客有发泄的余地，他们就会很快地平静下来，而客运服务人员就会很容易控制局面，也显得更职业。

1. 消除旅客不满的 10 个诀窍

（1）表现你能理解旅客的处境。
"很遗憾。"
（2）鼓励旅客发泄怨气，排解他们的愤怒。
"请告诉我事情是怎么回事？"
（3）保持客观立场，不要加入个人色彩。
"我能理解您的感受。"
（4）保持平和的态度，控制事态的稳定。
"我相信我们能解决。"
（5）倾听旅客的倾诉，表现出你在听取他的意见。
"嗯，对，我知道。"
（6）负责任，表现出解决问题的急切心态。
"我一定尽快解决。"
（7）让旅客参与解决方案。
"您希望如何解决？"
（8）进一步做出保证。
"解决这个问题的另一个办法是……"
（9）提出行动计划。
"我的建议是……"
（10）管理层参与解决。
"我会向管理层汇报这个问题。"

2. 让旅客发泄怒气

让旅客说出他们的感受，不要同他们争论。换言之，不要表露你的情感：他们并不是在对你人身攻击，旅客的怒气，发泄出来就好了。以下是旅客发泄怒气时可以用到的小窍门。

旅客发泄怒气时不要这样做：
（1）自己也发怒。
（2）总想让他们冷静下来。
（3）自我辩解。
（4）打断对方的话。

旅客发泄怒气时应该这样做：
(1) 认真听取他们的意见。
(2) 让他们的怒气自然平息。
(3) 承认他们的感受。
(4) 想象着他们正在平静下来。

旅客是对是错无关紧要，他们需要的是发泄一下怨气。如果你不认真地对待他们，矛盾就会进一步升级。

这就好像在急流中行船。旅客是湍急的流水，而你要努力把船驶向平静的水面，避免被水吞没。他们的话语就像船下的流水，你要调整好呼吸，沉着应对。每呼出一口气，就是放弃一次个人的情绪化。记住，旅客只是生气而已！就算你是他们的父母、兄弟姐妹、朋友、爱人、老师，他们还是要生气。

旅客生气时，客运服务人员除了倾听之外什么都不要做。倾听并不等于同意他们的意见，同时他们的话也不会对客运服务人员造成任何伤害。

应对不满意的旅客时要避免使用某些词句。

应当避免使用的说法：
(1) "过一会我就来解决您的问题……"
(2) "我们的规定是这样的……"
(3) "我太忙，无法……"
(4) "一般不会发生这样的事。"
(5) "很抱歉，这不是我的责任。"

应该使用的说法：
(1) "我马上就解决您的问题……"
(2) "我能帮您什么忙……"
(3) "帮您解决问题是我应该做的……"
(4) "这的确是个问题，您有这样的情绪我理解……"
(5) "我保证问题马上就会得到纠正……"

【实训任务8-4】 掌握旅客投诉处理的原则与方法

1. 任务目的

通过投诉处理练习，掌握处理旅客投诉的基本原则，重点体会同理心、真诚地道歉、尊重对方、先处理旅客的心情、认真倾听旅客的抱怨等内容。

2. 任务内容

早上列车员给旅客换票的时候，表情冷漠，语气不耐烦，由于一位旅客没有拿稳车票，车票掉在了地上，这时，列车员很不情愿地帮旅客捡了起来，并转身说了旅客一句："跟个残疾人一样。"旅客表示心里很不是滋味，与这位列车员进行了理论，这位列车员并没有真诚地道歉，最后，这位旅客向列车长投诉了这位列车员。作为列车长，该如何接待这位抱怨的旅客？

3.任务步骤

（1）两人一组，一人扮演抱怨的旅客，一人扮演列车长。在练习中，可加入一些适当的情节，每组练习的时间为2分钟。

（2）每组演示完之后，学生进行点评。

（3）教师总结。

4.任务总结

通过对旅客投诉原因的分析，明确了旅客无论有没有道理，客运服务人员都要牢记"旅客投诉都是有原因的"。在服务过程中，面对旅客的投诉，客运服务人员一定要掌握旅客投诉处理的原则，这是处理旅客投诉的根本，在处理旅客投诉过程中，服务人员还要掌握一定的消除旅客不满的语言技巧，从而能更好地与旅客进行沟通。

一、填空题

1. 售票工作人员服务礼仪要求，男性窗口售票工作人员_____，女性窗口售票工作人员_____，_____。

2. 检票口工作人员服务礼仪要求检票时，工作人员应做到"_____、_____、_____"，动作要干净利落。

3. 巡视车厢时，列车乘务员需保持_____，避免_____干扰旅客。

4. 察觉旅客有困难，列车乘务员所使用的征询用语应当是：_____、_____、_____、_____。

5. 处理旅客投诉的原则主要包括：_____、_____、_____、_____、_____。

二、选择题（根据每小题后面给出的答案，选择一个或几个正确答案，把选项填在每小题后面的括号中）

1. 售票工作人员在工作岗位上不能这样回答旅客（   ）。

　　A.到底买不买　　　　　　　　B.不买别碍事

　　C.车票没有了，我有什么办法　　D.不知道

2. 安检处置员查包时应做到（   ）。

　　A.态度应和蔼，使用文明用语

　　B.包裹要轻拿轻放，以免损坏

　　C.查包时应尽量由旅客自行打开，女包女检

铁路客运主要工作岗位服务礼仪 模块 8

  D. 安检完毕后，应向旅客表示感谢，说："对不起，给您添麻烦了，祝您旅途愉快，再见。"
 3. 检票口工作人员检票之后，把票交换给旅客时，应当这样与旅客说：（　　）。
  A. "走吧。"   B. "快走吧。"
  C. "拿好您的车票，请慢走。"   D. "抓紧时间，赶快走。"
 4. 问询处工作人员与旅客交往时，使用的规范语言是（　　）。
  A. "先生（女士），您有什么事需要我帮忙吗？"
  B. "对不起，请您再说一遍，好吗？"
  C. "不用谢，这是我应该做的。"
  D. "您需要帮助吗？"
 5. 列车乘务员塑造积极热情的第一印象，应注意的问题是（　　）。
  A. 迎宾时的仪容仪表   B. 迎宾时的语言语调
  C. 业务素质专业技能   D. 迎宾时的举止行为

三、判断题（下面的语句表述是否正确，请在每句话后面的括号中填写"正确"或"错误"）

 1. 窗口售票工作是直接与旅客接触的岗位，其在售票过程中的服务礼仪是否到位，直接影响旅客对铁路服务工作的评价。（　　）
 2. 乘务人员在车厢中与旅客相遇时，则应礼让旅客，让旅客先行通过，并点头、微笑致意："您先请"或"您请过"。（　　）
 3. 车厢巡视时，要注意观察旅客，对神色异常的旅客及时给予关心和帮助。（　　）
 4. 行动不便的老年旅客上车时，需主动上前搀扶并将其送到座位上。（　　）

四、简答题

 1. 铁路车站候车室工作人员服务礼仪规范包括哪些内容？
 2. 铁路车站出站口工作人员服务礼仪规范包括哪些？

五、论述题

 1. 列车乘务员对待特殊重点旅客的服务礼仪包括哪些内容？
 2. 在服务过程中，列车乘务员如何面对与处理旅客的抱怨？

参 考 文 献

[1] 唐树伶, 王炎. 服务礼仪 [M]. 北京: 清华大学, 北京交通大学出版社, 2012.

[2] 符瑞英. 现代礼仪 [M]. 石家庄: 河北科学技术出版社, 2016.

[3] 徐克美. 商务礼仪与公关 [M]. 北京: 高等教育出版社, 2008.

[4] 金正昆. 服务礼仪 [M]. 北京: 北京大学出版社, 2005.

[5] 陈巍. 客户至尊 [M]. 北京: 中国社会科学出版社, 2003.

[6] 李广品. 服务的魅力 [M]. 北京: 研究出版社, 2001.

[7] 唐树伶, 王炎. 服务礼仪 [M]. 北京: 清华大学出版社, 2006.

[8] 田文燕, 张震浩. 顾客服务的艺术 [M]. 北京: 中国经济出版社, 2005.

[9] 闫贺尊. 完美服务必修课 [M]. 北京: 机械工业出版社, 2008.

[10] 易际涨. 客服圣经 [M]. 北京: 中华工商联出版社, 2011.

[11] 张英姿. 高速铁路客运服务礼仪 [M]. 北京: 北京交通大学出版社, 2017.

[12] 周平. 铁路旅客运输服务 [M]. 3版. 北京: 中国铁道出版社, 2015.